# ところで軍国少女はどこへ行った

本田和子

ななみ書房

# はじまりのことば

昭和六（一九三一）年生まれの私たちは、「少国民」と呼ばれ、そして女の子は「軍国少女」へと成長した。「神州」は「不滅」であると信じ、「敗戦」という文字は、私たちの辞書にはないと考えて、一九四五年の八月十五日（敗戦の日）を迎えたのである。

ここで、いま、遠い記憶をよみがえらせ「私」という一人の子どもが、「少国民」となり、更に「軍国少女」へと成長していく過程を洗い出してみたいと思う。

私は、自叙伝風のものを文章化することは好まなかった。「生い立ちの記」などは、決して本にすまいと思い定めていたのである。しかし、今、何故か、それを掘り起こしてみようとしている。たった一人の「私」、しかも、必ずしも標準的とは言い難い女の子だった私の「体験を語ること」、そんな営みに何かしらの意味があろうとも思えないのに、にもかかわらず、なのである。

女学校（旧制高等女学校、男子は旧制中学校）の入学試験が、すべて口述試験に代わった。また、体育競技も入試科目となり、「走る・投げる・重量を運ぶ・鉄棒の実技」などが採点科目となった。

体力に自信のなかった私は、「やれやれ」と思ったが、その理由を問いただすことはしなかった。どうせ、「日本は体の強い子どもを育てようとしている」式の答えが得られるだけと思ったし、そう決まったなら「致し方ない」と思っていた。当時の私たちは、「問いただす」という行動を知らなかったといってよい。決まったことは、「守る」「従う」という行動様式を、いつか身につけてしまっていたからである。

入学試験という難関を突破して、漸く希望の女学校に入学すると、また、「何故か」に遭遇した。各々の学校の伝統的な制服に代わって、全国一斉に「国民服風女学生服」を着ることが定められた。憧れのセーラー服ではなく、へちま袴の何となく田舎臭い女学生服。しかし、私たちは異議を申し立てるでもなく、とりあえずは、全国一斉の制服を購入した。それしか売っていなかったからである。

ただ、私たちは、希望して入った女学校の伝統的制服への愛着を捨て難く、伝手をたどってそれを入手しようとした。たとえば、上級生のお古を、あるいは、既に卒業した人たちの不要になったセーラー服を、何とか入手しようと企てたのである。このことには、母たちも加担してくれて、赤い線の入ったセーラー服を、苦労して手に入れてくれたりしたのだった。

電車通学に関する距離制限もきびしくなった。３㎞だか４㎞だかはよく覚えていないが、その範囲内の通学生は、徒歩で通うことが義務づけられた。私は赤いラインのセーラー服を得意気に身にまとって、３㎞の道のりを歩いて通った。特に不満も抱かなかったが、「一層、もう少し遠い方がよかったかな」などと、ぼんやりと考えたりした。

教科の中に、「武道」が加わったことも、戦時体制下中等教育の目標の一つだったらしい。しかし、私たち生徒は、ただ、週一回通ってくる薙刀師範の指導によって『直心影流』とかいう薙刀の訓練を受けることになった。薙刀にも、様々な流派があるらしいと知ったのは、一人の転校生と、薙刀師範との問答だった。華道にも、『池之坊』とか『京古流』とか、色々な流派があるが、それと同じようだなと思い、薙刀も「相手を殺す術」というよりは、「型」として覚えた。短か目の、ただし、私たち一年生には長い薙刀を、「イエィー」とか掛け声をかけながら振り回した。

体育の授業の中には、「防火訓練」が入りこんできた。焼夷弾が落ちたら先ずむしろをかぶせる。その上に水をかける、という次第で、「むしろかけ」やら「バケツリレー」やらの訓練をさせられた。「焼夷弾落下」と誰かが叫ぶと、私たちは「むしろ」を顔の前まで持ち上げて走った。とにかく、落ちている筈の焼夷弾にむしろをかぶせないといけないからだ。

でも、あちらにもこちらにも焼夷弾が落ちたら、「むしろかけ」や「バケツリレー」はどうすればいいのかなどと、一寸不思議に思ったりしながら、それでも私たちは懸命にむしろを掲げて走り、バケツリレーをした。

「武道」も「防火訓練」も、私たちは真面目にやっていたけれども、「型」だけを学び、「型」だけを実行していた。アメリカの飛行機B29が、私たちの頭上を飛び廻り、街中に焼夷弾を落としていくなどとは、本気で考えていなかったのである。

日々の日課のように訓練させられたのは、分列行進であった。昼休みが終ると、上級学年だけが校庭に集められる。学級の級長などのリーダー格の子どもが、「分列に前へ進め」と号令をかける。それに従って、生徒たちは手を振り足を上げて行進した。校庭を一周するとき、校長や教頭の前を通る。そのときは、「校長先生にカシラーミギッ」と号令がかかり、一斉にその教師の立ち位置に顔を向けるのだった。

「小学校」が「国民学校」と名称を変え、「武道」や「分列行進」をくり返す。これらが、戦争遂行とどんな関係があるというのか。何を目標としてこんな訓練を毎日毎日行うのか。誰も説明してくれなかったし、私たちも問いただすということをしなかった。そもそも「問いただす」という言動を、私たちは「知らなかった」と言うべきかも知れない。

ただ、ここで、きびしくしつけられたのは「決められたこと」は、「きちんと守る」ということだった。私たちは、国民学校の生徒なんだから、教えられたこと、決められたことは、よりよく実行すべきである。優等生である「私」にとって、このことは、その意味を考えるより「正しく守る」こと以外になかった。

憧れのセーラー服の代わりに、野暮ったい全国一斉の制服を着てテクテクと歩いて通い、薙刀を振ったり、バケツリレーをしたりして、私の女学校生活は始まったのだった。誰に命じられたわけでもなく、ただ、この頃の女学生たちは、「疑問に思うことを問いただす」とか、「教えられることに異議を唱える」とかいう言動は、視野に入っていなかったのである。

私たちは、低学年であったから、工場動員は免れた。その代わり、校庭に薩摩芋を植えたり、人手不足の農家に農作業の手伝いに行かされたりした。その頃歌われた『学徒動員の歌』、すなわち、「君は鍬取れ、我は鎚、戦う道に二つなし」という戦時歌謡さながらであった。こんな歌に励まされ、お米や野菜を作ることは重要だと思っていたから、とにかく真面目に働いた。何しろ、この戦いは正しく、神州は不滅であると教え込まれていたから、どんなに敗け戦が続いても、日本が敗けるなどとは考えもしなかったのである。

こうした「戦争観」の中で、私たちは「少国民」となり、「軍国少女」へと成長した。こうした「日本観」は、「皇国史観」に基づく「日本国史」の授業で、しっかりと形成されていた。それに、勇壮で覚えやすい戦時歌謡は、私たちの心を揺さぶり、「正義のための聖なる戦い」を疑うこともなかったのである。

私が「日本国史」と「戦時歌謡」を取り上げて、私自身を語ってみようと考えたのは、こうした所以に他ならない。そして、このことは、「私」という一人の子どもの物語でありつつも、あの時代を生きた同世代の女たちにとっても、共有される物語に他ならないと思うからだ。

# ところで軍国少女はどこへ行った（もくじ）

# 第一部

# 戦時下の学校教育

# 第一章　「日本国史」の教育力

## (1)「縄文」も「弥生」も知らない子どもたち

第二次大戦下の国民学校とは、子どもたちにとっては、校門の標識が変わったことであった。校門にかけられていた「○○小学校」が、「○○国民学校」に変わったのである。

しかし、「今日から、あなた方は国民学校の生徒ですよ」と言われても、さほどの感慨もなかった。ただ、新一年生たちの、教科書の変化に感心させられた。「算数」が「カズノホン」となり、「唱歌」が「ウタノホン」と変わったのだから……。だから、国民学校の生徒とは、彼ら一年生のことかなと思ったりした。

しかし、国民学校になってから、変わったこともあった。毎日のように、分列行進の練習をやらされたのである。上級学年、四年生以上だったか、五年生以上だったかは、正確に記憶していないが、全員が校庭に集められ「分列に前へ進め」という級長の号令一下、一斉に手を振り足並み揃えて行進するのである。校長あるいは教頭など壇上に立つ教員の前を通る時は、「○○先生にカシラー右」とか言って、一斉にそちらに顔を向け、敬意を表するのであった。

時間割の中に「武道」が入りこんだことも、一つの変化だった。運動会の時などは、上級学年の女生徒が一斉に薙刀を構え、「エーイ」と声を張り上げ、「直心影流」とかいう薙刀の一派の型を演じた。

しかし、私たちは、それも国民学校への変化だとは思わず、上級学年に課される課題だくらいにしか考えなかった。格別に、「いびつな教育」を受けていたのだと気付かされたのは、長じて後のことである。

「いびつな教育」の最たるものは、『日本国史』の授業の内容だったように思う。私たち、つまりその時代の子どもたちは、「縄文」も「弥生」も知らない。大日本帝国の始まりは「高天原」にあると思い込んでいたからだ。高天原という所で、天照大神という女神が、孫の瓊瓊杵尊《ににぎのみこと》に次のようなことを申し渡したのだ。

「天照大神が瓊瓊杵尊に下された詔勅」

豊葦原の千五百秋の瑞穂の国は
是れ吾が子孫の王たるべき国なり
汝皇孫《すめみま》行きて知らせ　さきくませ
天つ日継の栄まさんこと
天地と共に窮《きわ》みなかるべし

つまり、「この日本の国は、私の子孫が王として統治すべき国である。私の孫の瓊瓊杵尊よ、日本に降ってこのことを実行しなさい。王の位が栄え続けることは、天地と共に永遠であるだろう」という意味である。この言葉を「天孫降臨の詔勅」と言って私たち生徒は、先ず、暗誦を求められた。私などは、記憶力にさほど劣ることもなかったため、すぐ覚えてスラスラと暗誦した。

この文体の言葉も美しいし、天照大神という至高神の前に呼び出され、この詔勅を伝えられる孫の瓊瓊杵尊を、いじらしく可愛いとすら感じた。そう、日本の国の歴史は美しい。何しろ、女神の祖母と、可憐な孫との別れの場面から始まるのだから……。

当時の教室には、大ぶりの掛図が用意されていた。「修身」や「国史」の授業には、物語にふさわしい絵が正面に掲げられ、その絵をめくりつつ授業が進められた。物語が、文章としても絵画としても、子どもたちの頭に叩き込まれるように工夫されていたのである。「天孫降臨」の場面も、もちろん壁の正面から生徒たちを見下ろし、日本の始まりを神々でかたどって、生徒たちに誇りを持てと誘いかけていた。

日本は神の国である。私たちは、天照大神の子孫である天皇を戴き、世界に類のない国であると信じさせようとして……。私は、当時はそれなりの優等生だったから、「本気で信じる」というのではないが、何となく「そうかな」程度には信じて、与えられた課題はすべてこなしていた。もちろん、「天孫降臨」の詔勅も、「教育勅語」も、それに後から加わった「青少年学徒に賜りたる勅語」の暗誦も……。

しかし、天皇家は別として、日本人がすべて神の子孫であるという理由は、よくわからなかった。天皇と臣下は「親子の関係」であるとか、日本人は皆「天皇の赤子《せきし》」であるとか、何となく知ってはいたけれど、本気で信じてもいなかった。ただ、こういうことをつっこんで深く考えようともしなかった。質問するという習慣がなかったから、教師に問いただすこともしなかった。何しろ、分列行進や武道の練習で「従う」という行動様式だけを身体が覚えこんでしまっていたからかも知れない。

## （附）「神武東征」の異聞

皇国史観の中には、様々な紀記神話が埋め込まれている。だから、日本帝国の始まりは「天孫降臨」であった。私は、父が鹿児島県人であったから、高千穂の峯に、皇孫が天降ったという物語が好きであり、天照大神の子孫であるという天皇家の由来を、とりあえず好ましく思い、「そうなんだ」と思っていた。

しかし、沢山の神話の中で、今も鮮明に覚えているのは、「神武東征」と「大和武尊」くらいである。イザナギ・イザナミの国造りは、それほど印象的ではなかった。

カムヤマトイワレヒコという三代目の神が、九州の若者たちを率いて舟出する。小さな木製の舟に身を託して、日向の港を舟出したのだと想像するだけで、胸がときめいた。「ああ、天皇《すめらぎ》の大御船」という歌もあった。

何故、九州を捨てて大和へ征ったのだろうと一寸だけ不思議に思った。天孫降臨の地は高千穂ではなくて富士山でもよかったのにとも、ほんの一寸、思った。高天原から見下ろした時、九州の高千穂が目に映ったのだろうか、とも、思った。まあいい、高千穂は、厳然と九州に従えているのだし、日本列島の中心は大和らしいからと、理屈にもならない理屈で、子どもだった私は満足した。

神武天皇よりも「カムヤマトイワレヒコ」という若い神様、あるいは若者（?）の方がなんとなく好きだった。天皇となると何だか威厳に満ちていて、寄りつき難い。「カムヤマトイワレヒコ」ならば、血気盛んな若者のようで好ましいと、これもまた、理屈にならぬ理屈で考えた。

そして、日本帝国の始まりを、子どもなりに納得したのだった。私は、いま、「納得」という語を使っている。「信じた」か「否」かは、それほど問題ではない。物語として心に響いてくれれば、それでよかったように思う。

「ああ、日本はこうして作られたんだ」「ああ、天皇家の始まりは、この人からなんだ」と、物語として納得出来れば、それでよかったように思う。キリスト教国の子どもが、イスラエルの民がモーゼに従ってエジプトを脱出するとき、神の力で海が二つに割れたと教えられて、それを信じるのではなく、納得するように…。

私は、教会学校にも通っていたから、そんな物語も知っていた。「史実」というよりは、「心に残る国の始まりの物語」として、心に収めたということでもあろうか。

## (2)「ヤマトタケル」の物語

ヤマトタケルは、大好きな一人だった。カムヤマトイワレヒコは、神か人かよくわからなかったけれど、ヤマトタケルは紛れもなく「人」であった。しかも、私にとっては、「若く」「美しく」「ちえと力に優れた」、まさしくアイドルだったのである。

彼は、景行天皇の息子であるとされる。「神武・綏靖・安寧・幸徳」などと皇統譜を暗誦することに苦労はしなかった私も、何故かこれらの天皇が何をしたのかさっぱりわからなかったから、景行天皇とは第二代天皇かしらなどと思ったりしていた。何しろ、ヤマトタケルの父であり、ヤマトタケルに意地悪をした人なのだから。

ヤマトタケル（日本武）の幼名は、小碓命という。兄の大碓とのいさかいは、長じて後に知っただけで、子ども向けの歴史物語からは省略されていた。従って、ヤマトタケルは、猛々しい人ではなく、若くしなやかで美しい人に思えていた。

小碓命は、父の景行天皇に呼ばれて、西国の熊曽の討伐を命じられる。彼は、この時、少年の髪形をしていたとかいうから、一五、六の少年であったろうか。掛図の絵では、「ヒサゴバナ」とかいう髪を結った、しなやかな若者、あるいは少年の風情で父の前に立っている。彼は、出立に当り、おばの所に立ち寄って、剣と衣とを餞別に貰うのである。その衣が、熊曽の家にしのびこむのに役立つのだから、彼の言動は、まこと、すべてが幼く可憐だった。

女装した彼は、恐らく人目を引くほどの「美少女」だったらしいから、そもそもから「美少年」だったということらしい。従って、熊曽の主領も心を許して「美少女」をそばに呼び寄せたのだろうし、アッサリとだまし討ちに会ってしまったのだろう。

美少女に襲われ、剣をつきつけられた熊曽の主領は、「死の前にあなたの名前を」と求める。この時、小碓命は「われは天皇の御子のやまとおぐな」だと名乗る。「おぐな」とは、「お（男）のわらわ＝少年」のこと。しかし、子どもだった私は、そんなことは知らず、昔の人は沢山名前を持っていたんだ程度に考えて、毛むくじゃらの熊曽の主領に、素直に名乗る少年も益々いじらしいと思った。

「大和一の強者であるあなたは、以後、大和健と名乗るように」と熊曽の主領の遺言で、小碓命は、「倭建御子」と名乗ることになる。この命名のあたりから、この若者の一生は悲劇的であった。征伐に来た敵の主領に名前を貰う。しかも、「大和で一番の強者だから」という理由で……。いかにもドラマティカルな命名ではないか。

私たちは、こうした「手に汗にぎる」情景にしびれたのである。

後に、ヤマトタケルが、「出雲健」を滅す件りを知ったが、その「だまし討ち」は気に入らなかった。お互いの剣をとりかえるとは、余りにも「まともではなさすぎる」ではないか。「女装して乗りこむ」のは、許せたが「お互いの剣を取りかえる」のは、卑怯すぎるとでも、子どもの正義感がうずいたのかも知れない。

景行天皇というのは、ひどい父親だった。幼い身でありながら、遠国に赴き熊曽を平げて帰ってきた息子に、再び、東国の「荒ぶる神」の討伐を命じる。私たちの記憶の中では、この遠征の帰途、ヤマトタケルは病を得て、遠い国をしのびつつ死んでしまったというから、尚さらである。

故国をしのんだとは、次のような歌を、彼の辞世と覚え込んでしまったからである。

大和は　国のまほろば
ただなづく　青垣　山こもれる
大和し　うるわし

この「国しのび歌」が民衆のものであったことなど知る由もなく、故国にこがれつつ死んでいった美少年の嘆きとのみ捉えていたのである

## (附)ヤマトタケル異聞

ヤマトタケルの妃が、オトタチバナという女性であることを知った。わが身を犠牲にして荒海に飛びこみ、

夫の危難を救った健気な妻であり、ヤマトタケルもその妻を偲んで、「あづまはや（ああわが妻よ）」と嘆いたことも知った。あの美少年が妻帯者であるとは……。

しかし、不思議なことに、私のヤマトタケルは、はかなげな美少年であり、美少年のまま短い生涯を終えた。そして、オトタチバナ姫を妃に迎え、その死を「あづまはや」と嘆いたヤマトタケルは、それはそれでよいのだった。私は、物事を幾つか異なった曳き出しにしまい込んで、落ち着いている子どもであったらしい。異なった二つのものを、あえて整合しようなどとは思わなかった。

だから、美少年で、父にいじめられるヤマトタケルは、私の好みの物語の主人公として、私の中では「永遠のヒーロー」だったのである。

## (3)　南北朝と後醍醐天皇

皇国史観の中で、「神武東征」と「日本武尊」という卓抜の物語を除くと、私にとって興味深かったのは、「南北朝の物語」だった。とりわけ、その「悲劇」に心引かれた。

その前段としての「源平合戦」や「源義経」の物語等も、そこそこ面白かったし、特に「義経都落ち」の件りなど、学芸会用に有効でもあった。しかし、私が特に心に留めたのは、他ならぬ「南北朝時代」であった。

皇国史観に基づく「日本国史」においては、しばしば天皇を中心として物語が作られていたから、天皇を基軸にして「善悪」が決められた。すなわち、天皇に従った人は「忠臣＝よい人」であり、それにはむかった人は「逆臣＝悪い人」であった。私どもの中では善悪の基準が、天皇を軸として作られていたのである。

例えば、後醍醐天皇に従い彼を助けた「楠木正成・正行」親子は、「大大大の善玉」であった。そして、それを倒した足利一味は、紛れもなく、「大悪玉」であった。

従って、政権を奪取してその座に座った北条氏や足利氏から政権を奪い返すことに一生を費やした後醍醐天皇ほど見事な天皇はいなかったし、また、それに失敗したこの天皇ほど悲劇的な人物は見当たらなかった。そして、そんな天皇を助けて戦った人々ほど「よい人」も見当たらなかったのである。

後醍醐天皇が、北条氏を討とうとした時、それに呼応して天皇の戦いに参加した関東武士の中心は、「新田義貞」であった。

この人がどのように戦い、どの戦いで勝利したのかなど、よく知らないままに「名将」と捉え、「いい人」の中に入れた。何しろ七里ヶ浜の荒波に名剣を投げ入れてそれを静めたのだもの、そして、そこを渡って鎌倉に入り、北条氏を滅した人なのだ。しかし、この挿話は、多分に「小学唱歌」に由来していた。

七里ヶ浜の磯づたい
稲村ヶ崎名将の
剣投ぜし古戦場

教室の正面の壁には、例の掛け図が掲げられていた。そこには、渦巻く海流を前にして、剣を捧げ持つ武将の姿が描かれている。彼こそは、「剣投ぜし名将」である。満潮の海に剣を投げ入れることが、何故、名将の所以なのかわからなかったが、そのことが、鎌倉幕府の崩壊につながったとか、昔々の権力の盛衰は、何とまあ劇的であることか。新田義貞という人が「剣を投げ込む」以外に何をしたかは知らないが、鎌倉幕府を崩壊させたのだから、忠臣に相違ない。という次第で、彼は子どもたちの脳裏に不滅の「忠臣」として刻印された。

「建武の中興」とは、どういう政権改革であったのか、子どもにはよくわからなかったが、いわゆる論功行賞が一寸不公平ではないかということだけが印象に残った。「千早城」とかいう山城で、あんなに戦った楠木正成の恩償が少なかったのが気に入らなかったらしい。そして、足利尊氏が重く用いられたことも気に入らなかった。

その足利尊氏が造反した。「建武の中興」で一番記憶に残っているのは、尊氏の謀反である。あれほど、後醍醐天皇に愛され、重く用いられたのに造反するとは、彼こそが不忠の民、「大悪臣」であった。子ども心に、尊氏を激しく憎んだことを覚えている。

### ⑷　吉野の行宮に集った「いい人」たち

後醍醐天皇が都を追われ、吉野の行宮で兵士を募った時、駆け付けてきたのが、楠木正成と記憶している。すぐに駆け付けてきたのか、どのような意図で吉野に駆け参じたのか、などの詳細はどうでもよかった。悲劇の天皇を助けたという、それだけで、楠木正成は「大忠臣＝いい人」だったのである。

その他には、児島高徳《たかのり》、北畠親房などの名前を覚えた。彼らが、どれだけの勢力を率いて参加したのか、あるいは、どの戦いで勝利したのかなどは、どうでもよい。ただ、都を追われた天皇の下で戦ったというそれだけで、「大忠臣」であり、「いい人」だったのである。

楠木正成の故事は、確か、国語の教科書に載っていたし、修身の時間にも教えられたように思う。そして、水戸黄門が「ああ、忠臣　楠子《なんし》の墓」と言ったとか言わないとか、とにかく「ああ」という感嘆符つきの「大楠公」讃をよく覚えている。この父子は「いい人」であり、同時に、女の子の感傷にヒットする「悲劇の主人公」だったのである。

正成が、湊川へ前後の戦いに赴く際、つき従えた一子正行を故郷に帰す件り、いわゆる「桜井の役の別れ」は、印象的であった。ただし、この挿話は「歌」で覚えた。しかも、毬つき歌で覚えたのである。

青葉しげれる桜井の
里のわたりの夕まぐれ
木下影に駒止めて
世の行く末をつくづくと
しのぶ鎧の袖の上《へ》に
散るは涙か　はた露か

正成が正行を呼び寄せて、ここまでついてきたが、もう故郷へ帰るようにと訓す場面がある。私たちは「汝はここまで来つれとも　とくとく帰れ　故郷に」と歌いながら毬をポンとついて、後の人に送った。

そして、正行がどこまでも一緒に行きたいと頼むのに、父は諄々と訓すのである。「汝をここより帰さんは　われ私のためならず」という次第である。自分はこの戦いで討ち死にするであろう。とすれば、世は尊氏のものとなるであろうが、お前は成長して尊氏と戦うのが国のためなのだ。だから今は帰すのだと説いて聞かせるのである。

死を覚悟して出陣する男の遺言が、早く成長して後醍醐天皇のために戦えと命じる。それが「国のため」なのだとして……。しかし、私たちは、この歌を毬つき歌として用いたせいか、さほどの悲壮感もなく、毬をはずませるためだけに歌っていた。あっけらかんと、明るい声で……。

しかし、何となく、わが子とこんな別れ方をして、恩賜の刀「菊水」を、父の形見であると息子に手渡す正成という人は、天晴れ忠義の臣に思えた。だから、彼は、格段に「いい人」であった。当時は、尊敬する人物として、楠木正成と答えていたように思う。

父の跡を継いで尊氏軍と戦い、四條畷で戦死した正行も、「いい人」の列に並ぶ。彼は出陣に際して、吉野の如意輪堂の壁に次の歌を書き遺した。

かえらじとかねて思えば　梓弓
　なき数に入る　名をぞとどむる

この歌は、暗誦して私の愛唱歌の一つとなった。当時の私には、暗誦してスラスラと口から出る歌が幾つかあったが、それらはいずれも、「いい人」たちの歌であった。ただし、私流の位置付けで「善・悪」が決められていたから、歌の詠み手が本当に「忠臣」か否か判然としなかったし、もしかしたら「いい人」ではなかったのかも知れない。

四条畷の合戦で、足利方の武将高師直《こうのもろなお》の首を討ち取ったと誤解して、正行・正直の兄弟が大喜びする件りでは、その無邪気さに思わず涙した。しかし、兄弟はそれが誤りであったと知り、また、戦いにも敗れて自刃して果てる。その哀れさにも、また、涙をそそられた。この兄弟は、戦って死ぬために生まれてきたのかと思えたからだった。そして、楠父子亡き後、後醍醐天皇の勢いは益々衰え、南朝も終りに近づくと思えて一入哀れだった。

児島高徳や北畠親房の挿話は、歴史的にどこに位置づくかもわからず、どんな戦いで勝利したか、あるいは敗北したかも判然としないままに、ただ「いい人」であった。

児島高徳は、桜の幹に十字の詩を掘りつけた人として記憶した。その行為が、悲運の天皇を慰めたというのである。このことは、くり返し歌った「小学唱歌」で知った。

彼の掘り付けた「十字の詩」を読んで、後醍醐天皇は、「莞爾と笑ませ給うた」というのである。天皇は、配所に流されたため「御心ならぬ出でまし」であったのである。

船坂山や杉坂と

御あと慕いて院の庄
微衷をいかで聞こえんと
桜の幹に十字の詩
「天勾践を空しうする莫れ
時范蠡無きにしも非ず」

小学生だった私は、中国の春秋時代の故事など知る由もなかったが、天皇を喜ばせようと桜の幹に詩を彫り付けた人も「いい人」の列に加えた。何しろ、天皇がそれを見て、ニッコリと笑われたのだから、天皇を慰め励ますよい詩だったと思ったのである。そして、そんなことをした児島高徳は「いい人」であった。

正面にかけられた絵図には、蓑を着た男性が桜の幹に何か書いていて、それを公家風の人物が見ている場面が描かれていたように思う。少なくとも、児島高徳と思しき人物が、蓑を着ていた事は確かなのだから、雨が降っていたのでもあろうか。従って、彼は余計に「いい人」だった。雨の中を天皇の跡を慕って院の庄まで来てしまった。しかし、言葉を交わす余地もなく、天皇は旅立たれてしまう。そこで、桜の幹を削って、メッセージをしるしたのだった。

この歌は、当時、小学生の唱歌コンクールに、課題曲として選ばれたりした。「天匂践を―」の部分だけ独唱とし、他は級全員の斉唱としてもよく、実際にそれを選ぶ学校が多かった。美声の級友の歌う「天匂践を―」にしびれつつ、「船坂山や」と歌う。私自身も、そんな記憶を持っている。

もっとも、「天匂践を」の意味はわからず、「転校生」のことかなどと思っていた。

北畠親房という人が、公卿だったのか武士だったのかも知らないままに、この人は「いい人」であった。何故なら、南朝の重臣だったらしいし、『神皇正統記』を書いた人だからである。『神皇正統記』がどんな本だかも知らなかったが、ただ、南朝を正統とする書物だとのみ理解していた。だから「忠臣」であり、「いい人」だったのである。

後醍醐天皇に従った人々、すなわち私流の「いい人」は、地方在住の小部族の首領といった人たちであった。そのせいもあって敗け戦が多かった。しかし、私は、敗け戦の中で獅子奮迅の戦いをする武士たちに胸を熱くした。

そして、正行の辞世のように、「かえらじとかねて思えば」と出陣する人々に、心を深く打たれたのである。だから、「正義は南朝にあり」と思い込んでしまったのである。敗け戦の中で、命を終えた彼らは、皆、「すぐれていい人」だったのである。

このメンタリティは、第二次世界大戦の時までつながれていた。大戦末期の「玉砕」を美しいと眺め、「正義はわれにあり」と信じた。そのゆえに、「正義は敗ける筈がない」と断定した。たとえ、私たちが死んだとしても……。私の「戦争観」は、これらの物語を通じ、彼ら武将たちの描かれ方を通じて、養われていったのであった。

## (5) 護良親王異聞

大塔宮護良親王の名前は、南北朝時代の数多の皇族たちの中で、ただ一人私の記憶に残るものであった。彼は、後醍醐天皇の第一皇子、しかし、皇位につくことなく、二十七歳でその生を終えている。

確か、その挿話が国語の教科書に載っていたように思う。私たちは、この皇子のことを、「ダイトウノミヤ」と呼んでいたから、後に「オオトウノミヤ」と呼ばれもすることに、何か違和感を覚えた。そして、鎌倉宮の後にある小さな土牢を、明治に作られたレプリカであることなど知る由もなく、こんな狭い空間に押し込められ、こんな狭い所で戦うことも出来ずに死んでいった皇子を痛ましく思った。子どもであった私の感傷を刺激したということだろうか。

そして、このことも、また、歌の力に負うていたように思う。『小学唱歌』には、「鎌倉」という歌があり、その何節目かに次のような歌詞があったのだった

鎌倉宮にもうでては
尽きせぬ親王のみうらみに
悲憤の涙わきぬべし

護良親王は、当初は仏門に入れられて十七歳という若さで天台座主となった。これは、父帝の討幕計画の一環であったとされる。彼はまた、父帝が隠岐配流中は、還俗して討幕運動の中心として活躍した。にもか

かわらず、親王の捕縛は父帝の命であったというから、この皇子に対する哀れさは一入であった。私たち女の子たちはこの無惨な運命に涙を流したのである。

明治造りの土牢を見て、こんな狭い冷たい所で刺客と戦うすべもなく死んで行かれたのだろうと、皇子と共に「非憤の涙」を流したのである。そして、刺客を送った足利氏を、何と「悪い人たち」であろうと憎んだのであった。

鎌倉宮とは護良親王を祭って明治に創建されたものである。従って、そこに作られた土牢に親王が幽閉されていた筈もないのだが、そんなことはどうでもよかった。護良親王を祭る神社に土牢があれば、そこに幽閉されたのだと、ためらわずに思い、親王の悲劇に涙したのである。

改めて考えると、「歌の力」のなんと大きいことか。戦時歌謡といい、小学唱歌といい、私の記憶の多くは、それらの歌詞に支えられている。

## ⑹　天皇のよしあし

天皇にも、いい天皇と駄目な天皇があると子ども心に思っていた。より正確には「好きな天皇」と「どうでもいい天皇」と言った方がよいのかも知れない。

「神武東征」の神武天皇は「いい天皇」であった。正確に言えば、私が好きだったのは「カムヤマトイワレヒコ」という若者だったのかも知れない。小さな舟に乗って、荒海に船出し、それを渡り切って、大和にたどり着いたのだから。何故、大和だったのだろうと思った。今、宮城は東京にあるのに……。

次に心引かれたのは、南北朝時代の後醍醐天皇。この悲劇の主が何故か気に入った。七里ヶ浜の新田義貞やら、千早城の楠木正成やらと、優れた武将たちが彼を支えたんだから、きっと「いい人」だったのであろうと思った。何しろ、楠木正季などは「七度生まれ変わって朝敵を亡ぼさん」と言ったほどなのだ。

そして最も偉大なのは「明治天皇」であった。「民のかまどはにぎわいにけり」と喜んだ仁徳天皇も、白馬に乗った昭和天皇も、「いい人」らしかったが、特に「好き」というほどでもなかった。そんな中で、「明治天皇」は特別だった。何故かは、今だに判然としない。

ある時、映画館で見たニュースで、「明治節」を祝って外国の大使がスピーチする様子を目にした。日本語だったのか、外国語だったのかはよく覚えていないが、明治天皇を讃えていた。日本の近代化を推し進め、列強の仲間入りを果たした偉大なリーダーというわけで彼を讃えていた。

その時、その大使が、一寸くせのあるアクセントで、「メイジタイテイが」と発言したことを、今でもよく覚えている。大使館の庭なのか、どこかの庭園なのか美しい池のほとりで、白髪の外国人が、「メイジタイテイが」と、この天皇を讃えたのだ。

私たちは、何故か誇らしく、胸を張る思いだった。そう、「明治節のうた」に、「外つ国国の史にも著く」とあるけれど、この天皇の偉大さは、外国人も皆知っているのだと誇らしく思った。そして、「明治節のうた」を心をこめて歌った。

亜細亜の東　日出づる処

聖《ひじり》の君の　現れまして
古き天地　とざせる霧を
大御光に　隈なくはらい
教あまねく　道明らけく
治めたまえる　御代尊

この歌の二節だか四節だかに、「外《と》つ国国の史《ふみ》にも著く」とあるのだった。だから、あの外国人が、一寸不思議な発音で「メイジタイテイが」と言ったのだった。「教あまねく　道明らけく」が、「教育勅語」のことだと知ったのは、大分、後のことである。

## (7)　私にとっての「いい人」たち

くり返し述べてきたように、「日本国史」を教えられた子どもたちは、「天皇」を軸として歴史上の人物を位置づけした。天皇に従う人は、疑いもなく「いい人」であり、それに歯向かった人々は「悪い人」であった。余り関係がなかった人物まで、この基準でどちらかに分別することさえした。

### ●道真のこと

たとえば、菅原道真は「いい人」であった。何故なら、天皇から拝領した衣を、「恩賜の御衣」として、毎日捧げ拝していたというのだから……。

この故事は、国史の授業からというよりむしろ唱歌の時間に由来していた。

「菅原道真」のうた

日かげ遮るむら雲に
干すよしも無き濡衣を
身には著つれど、真心の
あらはれずして止まめやと
神のまもりを憑みつつ
配所に行きし君あはれ
（第一節）

この歌の何節目かに、「御衣を日毎に拝しつつ　配所にはてし君あはれ」という歌詞があった。壁の掛け図には、衣を捧げ持っている道真らしき人が描かれていて、一際哀れさを誘うように仕組まれていたように思う。そして、藤原氏というものは、何と「悪い奴」だろうと憤慨した。それ以外に、菅原道真という人が何をしたかなどはよく覚えていない。藤原氏と対立し、敗れて九州の大宰府に流されたということぐらいしか思い出せない。しかし、彼は、天皇から拝領した衣服をこんなに大事にして、毎日拝んでいたわけだから

「忠臣」に相違なく、また、「いい人」に他ならなかった。

源義経は子どもたちの中では、人気者だった。小学唱歌に「ひよどり越え」というのがあって、義経の勇敢さが讃えられていた。ただ、それが、忠臣の証なのか否かはわからなかった。

しかし、義経が後白河法皇の前にひざまづき、戦果の報告をする絵があった。法皇は彼の報告を聞いて、うなづかれ、彼の功労を賞されたというその一点で、彼も「いい人」であった。同じように戦果を挙げた木曽義仲は、何故か「いい人」には入らず、子どもたちに人気もなかった。

平清盛は、天皇から権力を奪い取ったことで、「いい人」ではなかったが、何故かそれほどの「悪党」でもなく、源頼朝と同じように、「悪臣」ではないが「いい人」でもなかったという、厄介な位置づけであった。この意味では、徳川将軍たちも同じで、さほどの「悪臣」ではないが「いい人」でもなかった。

権力の座に着いたわけでもなく、特別に天皇のために尽くしたものでもないが、「菅原道真」は「いい人」であった。何故かと言えば、「恩賜の御衣を毎日拝しつつ亡くなった」から……。そして、この挿話は『小学唱歌』に由来している。道真のうたの二節目か三節目かに、次のような歌詞があったのだ。

　　菊の節會の朝廷の　宴に侍りし秋は来ず
　　　御衣を日毎に拝しつつ　配所にはてし君あはれ

当時は、学芸会のステージの上で、美声の男女生徒が、詩吟を朗詠することもあった。担任教師の趣味なのかも知れないが、ある級が、それを演じた。美声の女生徒が、先ず、道真の和歌をきれいに歌った。

東風《こち》吹かば　匂ひおこせよ梅の花
　主なしとて　春な忘れそ

その後に、その級の子どもたちが、道真を語った詩吟を朗詠した。

去年の今夜　清涼に待す
秋思の詩篇　ひとり腸《はらわた》を断つ
恩賜の御衣　今ここに在り
捧げ持ちて　毎日余香を拝す
（記憶のまま）

道真が仮りに、恩賜の御衣を大切にしたとして、それは「時めいていた日の自分の姿」への哀惜だったかも知れず、必ずしも忠節の現れとのみは解し難い。しかし、私たちは疑いもなく、それを「天皇に対する想い」と解した。だから、道真は「いい人」だったのである。

正面の掛図も、一枚の衣を捧げ持って涙しつつそれを拝する道真の姿を描き知らせていた。

## （附）実朝のこと

山は裂け海は浅せなむ世なりとも
　君に二心　わがあらめやも

源実朝が「いい人」のグループに入り得たのは、ただこの一首のゆえであった。鎌倉に幕府を開いて政治を司り、また、弟の義経を追いつめたりした頼朝は「いい人」か「悪い人」かは判然としなかったが、「いやな人」であることは確かだった。

しかし、その実子の実朝が「いい人」になり得たのは、「君に二心　わがあらめやも」の「君」が、天皇を指すものと理解したからである。彼が忠義の人であったか否かは定め難いが、この一首が免罪符として機能した。

それに加えて、甥の公暁に斬り殺されたという悲劇も、一人の哀れさを誘って、彼は「いい人」の群れに仲間入りすることとなった。しかも、右大臣拝賀の儀式の日であったのだから。哀れさここに極まれりという次第であった。

何と哀れな物語ということも加わって、彼の「いい人」としての位置はゆるぎもなかった。

実朝が成人して権力を握り、それをほしいままにしたとしたら、あの一首があったにもかかわらず、彼も父親と同じに「いやな人」の仲間に入れられたことだろう。そして、その時は、あの歌の「君」は、天皇ではないと解釈されたことだろう。

ここで、私たちの「いい人」の基準が、極めていい加減なものであったことに気付かされる。天皇に忠義を尽くしたという人は文句なしに「いい人」であったが、逆に「いい人」で「いいこと」をしたのだから「忠臣」に相違ないなどと、逆説的論理を適用したりもした。

そして、今一つ、「いい人」になる要素として、「悲劇を生きた主人公」が、巧みな「物語性」を持って立ち現れるということに気付かざるを得ない。義経しかり、実朝しかりである。

当時の「日本国史」は、私たちの中に潜む「判官びいき」あるいは「悲劇の主人公への偏愛」を援助として巧みな物語を作り出して子どもたちの心に送り込んだのであった。

## (8)　大政を天皇に返した徳川最後の将軍

天皇から権力を奪い、それを己の子孫に伝えるべく「幕府」という体制をしっかりと作り上げた徳川家康。彼は「いやな人」であった。だから、徳川将軍のことは、余りよく覚えていない。

しかし、最後の将軍徳川慶喜のことだけは鮮明に覚えている。正面の掛図でも葵の紋所の衣装をつけた将軍が、天皇の御座所の前で平伏していた。

この人が、どんなことをした人で、どんな性格だったか覚えていない。ただ、この平伏の絵と、「まつりごとを天皇にお返しした」というそのことだけで「いい人」であった。

そして幕府最後の日は皇女和宮によっても彩られていた。和宮のことは、将軍家茂の没後で、「静寛院宮」

となられてからの挿話が『小学国語』に載っていたのである。それは、江戸城無血開城に際して徳川家の存続を願う和宮の嘆願書のことであった。

「宮の御文は、實に言々血涙の御文章であった。」に始まるこの一文は、くり返し朗読させられて、当時はほとんど暗誦してしまっていた。

何とぞ私への御憐愍と思し召され、汚名をすすぎ、家名相立ち候やう、
私身命に代へ願いあげまいらせ候。

などと、そらんじて天皇の妹として生まれながら、婚家の断絶を避けようと必死になる女性を、気の毒に思い、何やらこの宮を気の毒にも、いとおしくも思った。

江戸が戦火に見舞われなかったのも、徳川家が華族として残ったのも、この宮の一文かと感嘆し、大政を奉還した慶喜将軍と静寛院宮は、江戸時代の終焉に咲いた二輪の花かしらと思ったのだった。

## ●豊臣秀吉のこと

徳川家康は、幕府という体制づくりでそのトップを徳川一門で固めるなど、自家意識が強い人物に見える。その点、秀吉は、一代で滅びてしまったためか、いささか自家意識もなく、ただ、わが子秀頼の生涯だけを案じていたようである。そのせいでもあろうか。家康は「へんな人」であり、秀吉は「少しだけいい人」で

あった。というより、「いい人」に近かったと言うべきかも知れない。

「小学国史」では、秀吉のことをどう教えられたのかは判然としないが、『小学唱歌』の方がはっきりしている。彼は天下人なのである。

百年この方　乱れし天下も
千なり瓢箪　ひとたび出づれば
四海の波風　忽ち治まり
六十余州は　草木も靡く
ああ太閤　豊太閤

彼は天下の乱をしずめて、位人身を極めたが、皇室を敬うことを忘れなかったらしい。天皇を新居にお招きしたり、皇室に莫大な金品を奉納したりして、己れの成功と皇室の繁栄とを重ね合わせてみせる。そして、「豊臣」という姓までも皇室から拝領してしまった。

彼自身、尾張の名もない百姓から成り上がったからでもあろうか。皇室をないがしろにするどころか、両者の蜜月を天下に誇示しようとしている。そのゆえか、彼は、家康とは異なり「いい人」に、一歩も二歩も近寄っているのである。

## ●国難と神風　―蒙古襲来―

教室の正面には、木製の大船が嵐にもまれている絵が掲げられていた。激しい波風の隙間から狼狽した蒙古兵の顔がのぞき、子どもだった私たちはそれを「痛快」とみた。日本まで攻めてくるから、こんな大嵐に会うんだ。これぞまさしく「神風」と、そんな気持ちだった。「日本国史」の授業の思い出である。

島国であったから、異国の侵攻に会うこともなく、小さな内戦がある程度で歴史は流れた。従って、蒙古襲来は、大事件だった筈である。しかし、授業でそのことをどう教えたかは判然としない。ただ、「元寇」という歌から、戦いの情景を想像していた。

四百余州を挙る　十万余騎の敵
国難ここに見る　弘安四年夏の頃
なんぞ怖れんわれに　鎌倉男児あり
正義武断の名　一喝して世に示す

この歌に関しては、あちこちから異論が出されていた。例えば「ジュウマンヨキノテキ」とは何ぞや、子どもにわかるか否か、等々である。確かに、私たちは、「ヨキノテキ」とわけもわからずに歌い、毬つき歌として楽しんでいた。

「蒙古襲来」は、映画でも見たような気がする。蒙古の使者が斬られる場面や、日蓮上人が「蒙古来たる、蒙古来たる」と辻説法する場面など、鮮やかに思い出すことが出来る。しかし、この映画を「いつ」「誰と」見たのか思い出せないから、当時の記憶だったのか、否か。

私は、この歌の第二節の歌詞が気に入っていた。二節目とは、記憶によれば次のようであったと思う。

多々良浜辺の戎夷《えみし》　そは何蒙古勢

傲慢無礼もの　倶に天を戴かず

「たたら浜」というのが北九州の地名であると知ったのは後のこと。当時は、わけもわからず、ただ、「タタラハマ」と歌っていたが、その後に続く「そは何　蒙古勢」が特に気に入っていた。「それは蒙古勢だった」と説明されるのではなく「そは何」と問いかけて、「蒙古勢」と答えるという作詞法にしびれたのである。

何やら大きな船で、おどろおどろしきものが押し寄せてきた。「一体、何者」と訝るまなざしの前に、それが蒙古の大軍とわかる。というわけで、奇襲を受けた当時の人々の驚きと怖れが凝縮されているように思える。しかし、それを迎え撃ったのは北条時宗ひきいる鎌倉の武士集団。だから私たちは、北条一族は嫌いだったけれども、北条時宗だけは「いい人」だった。彼が十六歳の少年だったことも、大いに気に入っていた。そして、最後に「神風」が吹く。

この歌を口ずさみつつ、「外国人のことを、昔は『えみし』とか『えびす』とか言ったのよ」と、弟妹に教えたことも思い出される。日本は、こうして護れてきたのだと思い、現在の戦い、すなわち「大東亜戦争」

も、最後は「神風」によって勝利するかも知れないと、なんとなく思ったのだった。

「元寇」と「神風」の物語は、国史か国語か、はたまた唱歌か、どの時間に教えられたのかははっきりしないが、この歌は、今でも気持ちよく歌うことが出来る。そして、それは、どうやら子どもだけのものではなく、一般の大人たちも含めて、社会一般の風潮だったように思われる。「日本は敗けない」「最後は神風が吹く」と……。何故なら「日本は神の国」なのだし、「日本は正しい」のだから……。

「神州不滅」「私が死んでも日本は敗けない」。こうした風潮が「神話的歴史観」によって培われ、「教えられたこと以外は考えない」という教育の在り方が、私たちをすっぽりと包み込んでしまっていたのである。

# 第二章　私たちの万葉集

## (1)　撃ちてし止まむ

第二次世界大戦末期、ドイツが降伏し、日本軍の敗色も濃くなった。私たち子どもの耳目にも、そのことが隠し難くなった頃、「撃ちてし止まむ」という言葉が巷を跳梁した。街の辻々には鉄兜の兵士の突撃姿に、この言葉が書き込まれたポスター風のものが貼られ、学校内にもこの言葉が飛び交った。教室の正面には、墨痕鮮やかにこの言葉が記された紙が貼られたりした。

この一句は、古代歌集「万葉集」から取られている。

みつみつし　久米の子らが　垣元に
植ゑしはじかみ（生姜）　口ひびく
われは忘れじ　撃ちてし止まむ

私の記憶の中では、というより当時の理解のページにおいては、次のように記憶されていた。平安式の広縁のような所に、神武天皇が立っている。そして、生垣に植えられた生姜を見て微笑んでいる。生姜の辛さを忘れることは出来ないが、それと同じように「敵の憎さ」も忘れられない。口に残る辛さと同様に、敵を討ち滅ぼすその時まで、唇にも舌にも残っているのだ。神武天皇は、微笑みながらも、その決意をこんな歌に表したのだ、と……。敵の憎さと、生姜の辛さを、神武天皇は、微笑みながらも、その固い決意をこんな歌に表したのだろう、と……。

私たちも、この歌にならって、片時も敵を忘れることなく、討ち滅ぼさねばならないのだと思った。神武天皇だって、そう決意しているのだから。

後に、この歌は神武天皇の詠みではなく「久米部」と称される人々が口にした、「戦闘歌謡」であると知った。しかし、私の中では、この絵図は消えることはなかった。

私は、天皇に対して格別の思い入れはなかった。日本が「万世一系」の大君を戴いていると、くり返し教えられても格別の感慨もなく「ああ、そうか」程度にしか考えなかった。にもかかわらず、「神武天皇」は「いい人」であり、「仰ぎ見る人」としてふさわしく思えた。

というより「カムヤマトイワレヒコ」という一人の若者を、好ましく思っていたのかも知れない。日向の国から船出して、荒海を乗り切り大和の国にたどりついたという、そのことが気に入っていたのかも知れない。そして、「はつくに知らすすめらみこと」と呼ばれるようになったとかいうことも、気に入っていた。だから、久米の子をいつくしむ神武天皇の姿を好ましく思い、この歌を心に刻んだのかも知れない。

### (2) 防人のうた

戦争末期、私たちは「防人」と呼ばれた古代の兵士たちを、身近に親しく感じていた。「彼らの歌」が国民学校内に氾濫し、生徒たちの「暗誦教材」とされていたからである。記憶力を得手としていた私などは、「愛唱歌」の一つとしてスラスラと口にしていたほどである。

今日よりは　顧みなくて
　大君の　醜の御楯と　出で立つ我は

大君の　命畏み　磯に触り　海原渡る
　父母を置きて

これらの歌を愛唱歌としていた私は、スラスラと暗誦して級友を驚かせたりしていた。これらの歌が、『万葉集』というわが国最古の歌集に収められているのだと自慢してみせたりもした。

その歌集には上は天皇から下は名もない庶民に至るまで、様々な階層の人々の歌が収められているのだと、誇らしく話して見せたりもした。何しろ、天皇家の人々と低層の庶民とが同じように和歌を作り、それがひとつの歌集にまとめられるということが、遠い祖先の文化度と、君臣の親密度を表わすものと見えて、何よりも好ましく思えたのだった。

それに「防人」として徴用された男たちは、遠く九州の地に赴かねばならず、「否」という権利もなく、泣いてすがる父母を置き、新妻を家にのこした辛い旅立ちだったなどとは、知る由もなく、ただ勇ましくいさぎよいとのみ思っていた。何しろ「今日よりはかえりみない」のだし、「大君の命畏み」と歌っているではないか。

もちろん、しばしば出現するこれらの句が、家郷をはなれて遠い、辺地の守りにつかねばならぬ己れの運命への嘆きの言葉であるとか、その運命に抗い難いわが身の不運への恨み言であるなどとは、思いもしなかった。

そして私は、当時、巷で歌われていた『出征兵士を送る歌』と重ね合わせ、「日本人は、遠い昔から変わらぬ心を持っていたのだ」と感嘆を惜しまなかった。何しろ、万葉人は「大君の命畏み」と歌い、現在の戦時歌謡も「わが大君に召されたる」と歌いだすのだから……。そうした運命を強要する権力に対する、ささやかな抵抗だなどとは考えもせず、防人や出征兵士たちの心情などは想像することもなかった。

しかし、それでいて、防人の「家族たちの歌」には何故か心引かれた。

信濃道は　今の墾道　刈株に
　足踏ましなむ　沓はけわが背

防人に　行くは誰が背と問ふ人を
　見るが羨《とも》しさ　物思ひもせず

などを愛誦したりした。私自身、父を戦場に送っている留守家族だったからでもあろうか。

老いた男性も、大学へ通う息子たちも、男である以上は皆均しく、一枚の召集令状で戦場へ送られた戦争末期である。これらの歌が他人ごとではなく、身につまされた女たちも少なくなかったことだろう。しかし、これらの嘆き歌は、当時の王道にのることはなかった筈である。しかし、何故か私は覚えている。

当時、『愛国百人一首』とかいうカルタがあった。私は、そこで覚えたのでもあろうか。今でもスラスラと暗誦することが出来る。

私にとって、『万葉集』とは、「防人歌集」であった。国の守りのために、家も妻子も捨てて、遠い辺地に赴く人々の歌を集めたもののように思っていたのである。

長じて後、「防人のうた」などは全五千数百首の中で一割にも満たぬほんの僅かであることを知って、愕然としたものである。しかし、それでも尚かつ、「防人のうた」は、今も愛おしく思えて忘れ難い。

## (3)　大君の辺にこそ死なめ

大君は　神にしませば　天雲の
　雷《いかづち》の上に　廬《いお》りせるかも

大君は　神にしませば　真木の立つ
　荒山中に　海を成すかも

この歌が、柿本人麻呂の作だということに驚いた。人麻呂と言えば、雄大な自然の情景を美しく詠む歌人だと思っていたからであろう。

東の野にかぎろひの立つ見えて
　かへり見すれば月傾きぬ

などという歌に魅されて、美しい歌詠みだとのみ思っていたからである。
こんな人でも、天皇を神と崇めていたのかと驚き、私たちの祖先の天皇崇拝の念に心打たれる思いがあった。何しろ「神にしませば」と歌い出すのだから……。

大伴家持にも驚かされた。子どもを歌った歌でのみ知られていたこの人が、次のような歌を歌っていたのだから……。

天皇の　御代栄えむと　東なる
　陸奥《みちのく》山に　黄金花咲く

何となく生活詩人だと思っていたこの人も、天皇を讃えている。陸奥に黄金が産出することも、「天皇の御代」と関係すると歌うとは……。古い時代に、人々は自分たちの国の主は「人でなく」、「神である」と信じ、うやまっていたのだろうか。それとも、歌を作る時の「きまり」でもあったのだろうか。

子どもであった私は、この時代の作歌に関する取り決めなど知る由もなかったが、ただ、「防人」といい、「有名歌人」といい、いずれも、天皇の仰せのままに動くらしいと知って、そのことに心を動かされ、それらの歌を好ましく思った。

何しろ、「今日よりは、かえりみなくて」なのだから、私たちも己れをかえりみることなく、お国のために尽くさねばならぬらしいとぼんやりとした誓いを、ぼんやりと心に誓うのだった。

「ぼんやり」というのは、少年兵として戦場に出ることの出来ない「女の子」としての覚悟と言うべきだろうか。「滅私奉公」というスローガンの下、「私個人」のことを考えることは罪であるかに教えられている子どもとしては、「お国のため」「天皇陛下のため」に己れを捧げねばならぬと、精一杯に「ぼんやり」と考えていたのであろう。

だから、日本軍の敗け戦を告げる時に流れる「海行かば」も美しく聞いた。壮重なメロディーにもまして、歌詞が心に響いたのであった。

海行かば　水漬く屍
山行かば　草生す屍
大君の辺にこそ死なめ
かへりみはせじ

## ⑷　生ける験《しるし》あり

み民われ　生けるしるしあり
　天地の栄ゆる時に
　　会えらく思えば

歌いやすいメロディと共に、この歌は毎日のように歌わせられた。朝の始業時だったかあるいは、帰宅前の終業時だったろうか。

県犬養宿禰《あがたのいぬかいすくね》とかいう昔人が、天皇の詔に応えて歌を奉ったその歌だなどとは知る由もなく、ただ気持ちよく歌っていた。そして、大戦の真っただ中にあることを「天地の栄ゆる時」と思い、私たちもまさに「生ける験」があるのだとばかりに声を揃えた。

「み民われ」と歌い出すことで、私たちは単なる「われ」ではなく「み民」なのだと、少々誇らしくも思えていたようである。あの当時「私」という個人は、どうなっていたのであろうか。常に、「み民われ」と一かたまりでなければならなかったらしい。

私は、球技のようなチームプレーの苦手な子どもであった。「運動では何が好き?」と問われると、「徒歩」と答えたりした。一人で走ることは、まあ許せるけれど、みんなと一緒に連携してというのは、余り得意ではなく、面白いとも思わなかったらしい。そのせいか、級の担任に、「個人主義だ」と叱られた記憶がある。その時、私は、自分が大罪人になったように思えて涙をこぼした。当時、「よい子」であり「優等生」であろうとした私にとって、「個人主義」とは、許し難い汚名であったらしい。

そのゆえでもあろうか、「み民われ」は嬉しかった。声を揃えて歌う時、「個人主義」の私も、少しは「み民」になったような気がして安らいだのである。

そして、しみじみと「今、祖国が戦いつつあること」をと嬉しく思い、「日本人でよかった」とわが身の幸を寿ぐ思いだった。

そして、この歌も、おそらく『万葉集』であろうと考え、遠い祖先たちを懐かしむのだった。

## (5) 自分勝手な「万葉集」

「万葉集」を「防人の歌集」だと思い込んだ私は、真珠湾攻撃の若い海軍将校の辞世も「万葉集」の歌かと思った。

国のため　何か惜しまん　若桜
　散って甲斐ある　命なりせば

しかし、「万葉集」が奈良時代に作られ、日本最古の歌集であるから、昭和十六年に戦死した軍人の辞世は、この歌集には入らない筈と考えて、少々困惑した。

それでも私は、この歌を密かに「万葉集」に加えた。海底深く潜って、特殊潜航艇で真珠湾の敵艦を攻撃した若い将校の歌は、「万葉集」の「防人のうた」と全く同じだと思えたからだ。

自分の生命を、若くして閉じる。しかも、出発以前に自身の運命が決まっていて、それを自分で眺めている。そのことに、私は深く心を打たれたのである。私は、教育の国家的方針の下、天晴れな「軍国少女」だったのであった。

後に、この歌が、既に著名であった和歌を、一部だけ変えたもので、さほどには評価し得ないと言われた。しかし、私にはそんなことはどうでもよかった。特殊潜航艇で海底深く潜って、真珠湾に潜入した九名の若者たちの行動に、「軍国少女」だった私は胸を締め付けられていたのであった。

「愛国百人一首」というのがあった。ここでは、防人のうたも、現在の若い軍人のうたも、一緒くたに扱われていた。お正月のカルタ遊びとして、私も、一、二回は遊んだことがある。母が余り好まなかったらしく、毎年このカルタを使った記憶はない。母たちにとっては、「百人一首」とは、「乙女の姿しばしとどめん」であったのだろう。

「何も百人一首と言わなくともよいのにね」と、母は呟いた。私には、その言葉の意味がよく解らなかった。だって、「百人の歌を一つずつ集めたのであれば、『百人一首』と呼んでもいいじゃないか」と思ったのである。

大正自由主義の時代に、東京の女学生だった母にとっては、「百人一首」とは、娘時代の記憶と深く結びついたものであったろう。学校が「休み」になる。それだけでも嬉しいのに、そして年の暮れは女の子は忙しく、母や女中と一緒になって家の掃除やら障子の張り替えやらとコマコマと働き、やっと元旦の朝を迎える。何かしら嬉しい朝。

普段とは異なる「よそ行き」の着物を身につけ、チョッピリお白粉もつけて、女学生は「和服姿の正月娘」に変り、「お目出度う」と正月の挨拶を交わすのである。そして、その日の遊びは「百人一首」。

「天つ風雲の通ひ路吹き閉ぢよ」とか、「これやこの行くも帰るも別れては」などと知っている歌が出てくると、袂を抑えて「ハイ」とばかりに手を伸ばす。そうでなければならなかったのだろう。

『万葉集』とは、当時の私たちにとって、「防人の歌集」であった。国を護るために家郷を離れ、父母や愛しい妻を捨てて、「防人」となる。そういう非日常を歌った彼らの歌を、集めたものが『万葉集』であったのだ。

「大君の詔かしこみ」とか、「大君の辺にこそ死なめ」とか、彼らは一身を顧みることなく、国のため君のために戦う。そんな若者たちが、日本の伝統である「和歌」すなわち「五七五　七七」の決まりに合わせて自分の心情を綴る。その歌を集めたものと、理解していたのである。

私たちも、この大きな戦争で命を落とすかも知れない。しかし、「かえりみはせじ」と思っていたのである。何故ってそれが日本人というものなのだ。

こんな歌集に　祖先の心を知り、それに続かねばと思う。そんな子どもたちの一人で、私はあった。そして、それを「誇らしく」「日本人でよかった」と思っていたのである。他国のことなど何一つ知らず。他民族も遠い祖先の歴史を持つことなど考えもしなかった。日本だけが、神に連なる「尊い国」だと思っていたのだから。

ユダヤ人が「ヤハウエの愛した唯一の民」と誇り、その「選民思想」のゆえに裁かれねばならないとすれば、わが日本も同じであった。しかし何故か私たちは、そんなことは考えもしなかった。何しろ、日本は「日出づる国」なのだから。他の民族もそれぞれの遠い祖先の物語を持ち、その中には、神に連なるものもあるかも知れないなどとは、思いつきもしない子どもであったのだ。だから『万葉集』は、大好きな歌集であった。

当時の子どもにとって、『歴史』とは、自分たちの国を誇りに思うことであり、遠い祖先に習おうとすることであった。そして、それは、日本民族だけが特別であると、「神の末裔」として誇りを持って生き、誇りを持って死ねと教えることでもあったのだった。

小学校が国民学校に変わると、このことは、よりストレートな表現になる。弟たちの唱歌教材、当時は「ウタノホン」と言ったが、そこにはこんな歌が掲げられていた。

ニッポン　ヨイクニ
キヨイクニ
セカイデ　ヒトツノ
カミノクニ

# 第三章　子どもたちの「唱歌教育」

## (1)　四大節の歌

小学校に入学して、一番早く覚えたのは「四大節の歌」だったように思う。多分、四月に入学した一年生が、最初の式典である「天長節の歌」を知らないのは困るということだったのかも知れない。

「天長節」とは、天皇誕生日のこと。全国民で祝うきまりであった。当時は、昭和天皇の時代だったから、最初の式典は四月二十九日であった。

『天長節の歌』
今日のよき日は　大君の

生まれ給いし　よき日なり
今日のよき日は　御光の
さし出給いし　よき日なり

光あまねき　君が代を
祝え諸人　もろともに
恵みあまねき　君が代を
祝え諸人　もろともに

こんな歌詞だったと記憶している。音楽教師が「御光のさし出給いし」というのは、天皇がお生まれになったことを指すのだと、説明してくれたことを覚えている。そして「君が代」とはと、その意味を問われた。一人の男子生徒が「君と僕の君です」と答えると、音楽教師は少し笑いながら「ここでは天皇のことですよ」と訂正した。私は、天皇は「大君」と呼ばれたり、「君」と呼ばれたりする。本当の名前は何だろうと訝しく思い、それとも「天皇陛下」というのが本当の名前なのかなとも思った。「天皇陛下」というのは、歌として歌いにくいから、「君」とか「大君」とか呼ばれものかも知れない。そんなことを、ぼんやりと考えたことを覚えている。

次に来るのは「明治節」、明治天皇の生誕を記念する日であった。通常の授業は廃止で、子どもたちは講堂に集められ、式典に参加して、「明治節」の歌を歌った。その前に校長の読む「教育ニ関スル勅語」を聞き「チョクゴホートーカ（勅語奉答歌）」なるものを歌ったか、最後に歌う「明治節の歌」は、私の好きな歌の一つだった。

『明治節の歌』

亜細亜の東　日出づる処
聖の君の　現れまして
古き天地　とざせる霧を
大御光に　隈なくはらい
教あまねく　道明らけく
治めたまえる　御代尊と

（第一節）

この歌は冒頭の一節、つまり「亜細亜の東　日出づる処」と、「古き天地　とざせる霧を　大御光に　隈なくはらい」とが、同一メロディで歌われるため、真中の二小節をとかく忘れて、最後の二小節に飛んでしまうことがおおかった。すなわち、

亜細亜の東　日出づる処
聖の君の　現れまして
教あまねく　道明らけく
治めたまえる　御代尊と

と歌うのである。第一節は辛うじて覚えたものの、第二節、第三節は、冒頭の二小節と最後の二小節しか思い出せない始末である。当時は一体、どのように歌っていたのであろうか。ただ、第二節には「外つ国国の史にもしるく」とあるので、明治天皇のお名前は外国の本にも載っているのだと誇らしく、英語やフランス語では「明治天皇」のことをどう表記するのかしらなどと不思議だった。

後に「天皇」は「エンペラー」だと知ってから、それなら「明治」はどういうのだろうと知りたかった。私は「エンペラー明治」では中途半端でおかしいと思っていたからである。

歌詞の意味がよく解っていたわけではない。「古き天地とざせる霧を」などいう言葉をどう覚えたのであろうか。ただ、明治天皇というお方が、大変に偉い方らしいとは思っていたようである。ある時、兄に、尋ねたことがあった。「今の天皇」と「明治天皇」との生誕だけが祝われて、他の天皇はどうするのかと…。兄は大笑いした。「そんなことをしたら毎日が祝日になってしまうよ」と言って……。

私は、その時、天皇家というのが古い古い家系であると知り、「古いことは、いいことらしいな」と感心したことを思い出す。ということは、それまでは「天皇が何故偉いのか」解らなかったということらしいが、「古いこと」が「いいこと」になることを不思議とは思わず、わが家の家系図は古いのかしらなどと、首をかしげていただけである。

お正月が近附くと、私たちは一月一日の式典に歌う歌を教えられる。校長の読む「教育勅語」と、それに続く新年の訓話めいたものを聞かされる。その後に歌うのが一月一日の歌である

年のはじめのためしとて
終なき世のめでたさを
松竹立てて門毎に
祝う今日こそたのしけれ

意味もよく解らぬままに、目出度い歌だからと声を張り上げていたのを思い出す。お正月に玄関に飾るのは、「松竹」ではなく「松飾り」なのにと一寸不思議に思い、昔は門松ではなく門松竹だったのかしらなどと訝りながら……。

この歌には替え歌があって、よく歌われていた。私も、学校で教えられる前に、兄に教えられて次のように歌っていた。

年のはじめのためしとて

尾張名古屋は大地震
松竹ひっくり返して大騒ぎ
隣りのおじさん大あわて

この歌の最後の一節は数多くあって、「となりのおじさん大あわて」から、「となりのおじさんに叱られた」など、色々あったらしい。次のように、全く一月一日の歌の面影をとどめないものもあったらしい、たとえば

豆腐のはじめは大豆マメ
尾張名古屋は城で立つ
松竹ひっくり返って大騒ぎ
村の巡査の禿げ頭

などというのもあった。

私も、学校で暗誦の時間に、「尾張名古屋は」と歌いかけて、音楽教師に軽くにらまれたりした。音楽教師は、「変な歌を歌う人がいますね」と苦笑しながら、「オワリナキヨですよ」と注意を促したりした。

元旦の式典は、他の式典ほど厳粛ではなかったのか、叱られた記憶はない。ただ「尾張名古屋じゃなくて、終わりなき世ですよ」とくり返された。どうせ、「年の初めのためしとて」とは、一体何のことか、「終わり

なき世のめでたさ」とは､何が目出度いのか､よくわからなかったから､「名古屋」でも「なき世」でもよかった。ただお正月の歌だから「おめでたい」に違いないと思い声を張り上げていたのだった。

四大節の最後は二月十一日の「紀元節」である。カムヤマトイワレヒコが､多くの従わぬ者たちを平らげ､大和の橿原で即位された日を､「国のはじまりの日」として祝うのである。現在は､「建国記念日」とされている。

私たちは､その歌も祝日も､明治五年の設定であることなどと知る由もなく､古くから伝わってきた古い歌であると思って歌っていた。それに､私は父が鹿児島県人であったから､「高千穂の峯」が､鹿児島県に厳然と存在することも誇らしく､懸命に歌っていたように思う。ただし､意味不明の歌詞が多かった。

雲にそびゆる高千穂の
高嶺おろしに草も木も
なびき伏しけん大御代を
仰ぐ今日こそたのしけれ
（第一節）

この歌は､他の式典歌にまして意味不明の歌詞が多く､また､似通った言葉も頻発した。第三節に「千代よろずよに動きなき」とあり､第四節には「よろづの国にたぐいなき」とある。この両者はよく混同したし､

「仰ぐ今日こそたのしけれ」のくり返しでよかったかなとも思いもした。

しかし、私は、神武天皇というお方を、好ましく思っていた。天皇に好きとか嫌いとか言うのはおかしいと思いつつ、神武は好きであった。何故かと言われても困るのだが、「最初の天皇」ということでもあろうか。それは、教室の正面に掲げられた絵図のせいかも知れない。暗闇の中にスックと立った一人の男神は、高々と弓を掲げている。弓の先には金色の鵄が留まっている。男神は、これまでの道々、「まつろわぬ者(従わぬ者)たち」を多く従え、今、遥かに大和の国を望んでいる。何と雄々しく、爽やかなことか。

しかし、彼が即位したのは大和の橿原の宮であり、この歌が何故「高千穂の峯」で始まるのか、一寸不思議だった。「高千穂の峯」と関係があるのは、天照大神の孫である「瓊瓊杵尊」ではないか。でも、そんなことは深く考えず、ニニギの子孫だから程度に解して、この男神も神の子孫だと思っていた。神の子孫の男神が国造りをする。今日はそれを記念する日だというわけで、時々間違ったりしながら、この歌を歌っていた。神武天皇に従ってきた若者たちは、皆九州の人なんだろうなどと、ぼんやり考えたりもした。そして歌いながら、私は、神話の世界に引き込まれて行ったのであった。「よろずの国にたぐいなき」日本国でありその民であることを嬉しく思いながら。

## (2) 唯一無二の日本

日本は、万世一系の天皇の下で、忠勇無双の兵士を擁し、欧米列強からアジアを救出する正義の国であると、当時の子どもたちは教え込まれ、それをそのままに信じていた。何しろ建国以来、二六〇〇年を経た歴史ある国であり、極く最近、ヨーロッパからの移民で作られたアメリカや、異民族や戦いに強い者たちによって皇帝の入れ替わる中国などとは格が違うと思い込んでいたのである。

長いことが、何故そんなに尊いのかなどと考えたこともなかった。子どもより大人が偉いのだし、短いより長い方が便利である。

「皇紀二六〇〇年奉祝歌」というのがあって、よく歌わされた。ラジオからも、絶えず流れていたように思う。音楽コンクールや学芸会で、この歌を歌う級もあった。

金鵄輝く　日本の
栄えある光　身にうけて
いまこそ祝え　この朝
紀元は二千六百年
ああ　一億の胸は鳴る

第二節に、「荒ぶ世界にただ一つ」という歌詞が埋め込まれていた。とにかく、二六〇〇年も続いていることが稀有のことで、世界に誇るべき輝かしい国だというのである。それが、それほど尊いのか理由はよく解らなかったが、子どもたちは誇らしげにこの奉祝歌を歌った。というより、歌わされた。そして、よく歌った証拠のように、「替え歌」もよく歌ったのである。「金鵄上がって十五銭、栄えある光三十銭」と……。

「金鵄」も「光」も、当時一般によく用いられていた「煙草」の名前だった。メロディも行進曲風で、歌いやすかったのであろう。

二六〇〇年を祝う「式典歌」も別にあって、式が近づくとよく練習させられた。難しい歌詞とおごそかなメロディーとで、いかにも「式典歌」らしかった。よく覚えているのは、「唱歌」の授業で、くり返し練習させられたからであろう。

遠皇《すめろぎ》の畏くも
始め給いし大大和《やまと》
天つ日嗣《ひつぎ》の次々に
御代しろしめす尊さよ
仰げば遠し皇国の
紀元は二千六百年

二節目に、「あおひとぐさに」ということばがあって、音楽の教師が、「これは日本臣民のことですよ」と説明してくれた。私は、「日本人は、昔は青かったのかしら」などと不思議に思いながらそれを聞いていたことを思い出す。子どもには、徹頭徹尾理解不能の式典歌だったが、その意味不明な言葉をおごそかなメロディの相乗効果で、いかにも「式の時に歌うものらしい」と、襟を正して歌っていたのだった。

くり返し歌っているうちに二六〇〇年も続いてきたわが国は、恐らく世界に冠たるものに相違ないと思い込むようになった。連綿と続く「天皇家」を上に載いてその統治者に忠誠を誓うわが国は唯一無二、素晴らしい国に生まれてきたなと日本人であることを誇らしく思いもした。

西暦の意味もよくわからなかった子どもにとっては皇紀がそれを超えると聞かされつつも格別の感慨はなかった。ただ、二六〇〇年とはずいぶん古いのだと感心し、旗行列の日の丸を懸命に振った。「金鵄輝く日本の」と歌いながら……。

## (3) チョクゴホートーカ（勅語奉答歌）

式典で歌う歌は、もう一つあった。校長が恭しく拝読する「教育勅語」のあとに歌う「チョクゴホートーカ（勅語奉答歌）」である。これは、四大節の式典時も、その他の時も「教育に関する勅語」が奉読される場合、必ず歌う歌であった。子どもだった私は、「ホートーカ」って何だろうと思いつつ歌っていたが、長じて後、「奉答歌」という文字を見て、「ああ、そういうことか」と感心した覚えがある。

勅語の奉読を謹んで聞く。そして、この勅語の趣旨にお答えしますと言う歌を歌うわけである。何種類かあるようだが私たち小学校は次の二種類を歌った。どちらを歌うかは、おそらく「式次第」を決めるときに定められていたのだろうが、私は、音楽教師の好みでとどちらかが選ばれるのだと思っていた。よく歌ったのは、次のような歌であった。

あな尊しな大勅語《おおみこと》
勅語の趣旨《むね》を心に刻《え》りて
露もそむかじ朝夕に
あな尊しな大勅語

こちらは歌いやすかったし、意味もなんとなく解った。しかし、たまに歌わされるもう一つの方は、歌詞にましてメロディーが難しく、いつ止めたらいいのか戸惑う歌であった。メロディーの難しさとは、冒頭の三行と終末の三行が、歌詞もメロディーも全く同じだったからである。冒頭と終末が同じとは、「いつ終わったらよいのかわからなくなる歌」になりがちである。私たちは、歌い終えてから、またくり返そうとすることが何度となくあった。

あやにかしこき天皇《すめらぎ》の
あやに尊き天皇の
あやに尊くかしこくも
下し賜える大勅語《おおみこと》
これぞ目出度き日の本の

国の教えの基《もとい》なる
これぞ目出度き日の本の
人の教えの鑑《かがみ》なる
あやにかしこき天皇の
あやに尊き天皇の
あやに尊くかしこくも
下し賜える大勅語

最後の三行を歌い終わっても、続けて「これぞ目出度き」と歌いかけたこともしばしばだった。ただ、ピアノの伴奏が終わったから慌てて止めたのだった。

長じて後、この歌のことが話題になった。「ああ、あの永遠に続くような歌のこと」と想い出す人が多かったことから、皆、終わりの難しさを感じていたんだなとおかしかった。

何しろ冒頭の三行を最末尾にくり返すのだから、「これで終った」という終息感を感じにくかったのであろう。

「ホートーカ」が「奉答歌」であると知ったのは、小学校も上級になってからだった。それまで、私たちは、何のつもりでこの歌を歌っていたのであろうか

## ⑷　日本を讃える歌

日本は、万世一系の天皇の下、忠勇無双の兵《つわもの》を擁し、「欧米列強からアジアを解放する正義の国である。」と、当時の子どもたちは、思い込まされていた。

何しろ、建国以来二六〇〇年を経た歴史ある国である。極く最近、ヨーロッパからの移民たちで作り上げたアメリカ合衆国や、異民族の征服の度に皇帝が入れ代わる中国大陸、あるいは、バイキングやブルトン人やらの絶えざる攻防を経て、十一世紀ごろに漸く一国の体整を整えたイギリスなどとは、格が違うのだと思い込んでいた

天皇が「現人神である」という意味はよく解らなかった。「神であって、人でもある」とは……。しかし、教えられるままに、「カムヤマトイワレヒコ」が、大和の「橿原の宮」とかいう所で即位して以来、二六〇〇余年が経過したことを信じ、だから、アジアの盟主なんだと思っていた。

長く続くことがそんなにもいいことなのか、度重なる戦乱の中でも、「天皇家」が無事だったことが何故こんなにも讃えられるのか、などとは考えもしなかった。二六〇〇年という「教えられた歳月」をふり返って、「日本はよい国である」と、子どもの頭で割り切っていたのだから……。

二六〇〇年の歌というのをよく歌ったが、何が二六〇〇年なのか、何から二六〇〇年なのかよく解らなかった。また、何故、日本がアジア諸国を欧米の植民地支配から解放するのかも理解できなかった。ただ、「興亜の使命双肩ににな う」とか、「十億の自覚のうちに大いなる朝は明けた」とかいう歌詞の力もあって、この戦いは正しいのだと思っていたし、日本はアジア全体の盟主であると疑いもしなかった。

当時の子ども、特に私は、「他愛ない子ども」であった。少々変だと思うこともつきつめて考えることをせず、学校で教わることはすべて正しいと思っていた。

そんなある日、兄に尋ねられたことがある。「海行かば、の後半を知っているか」というのである。私は、スラスラと暗誦した。

海行かば　水漬く屍
山行かば　草生す屍
大君の辺《へ》にこそ死なめ
かへりみはせじ

「歌の意味がわかるか」と兄は問う。私は首をかしげた。兄は、重ねて問う。「大君の辺にこそ死なめ」の「辺とは何か」と言うのである。私は一生懸命考えたがわからない。そこで、恐る恐る口にしたのが、「辺《へ》っておならのこと？」兄は、大笑いしながら、こんなことを教えてくれた。「そうだ、おならのことだ。おならで死んでもよいという歌だ。」

私は不思議だった。「おならで死ぬのは、大君なのか、それとも、昔の防人なのだろうか」と……。

太平洋戦争の初期、当時は「大東亜戦争」と呼ばれていたが、この頃、ラジオからは日本軍勝利の報道が頻繁に流れた。しかし、末期になると、「玉砕」という名の「全滅」の報道で一杯になった。ラジオから「海行かば」が流れ出すと、「ああ、またどこかで日本軍は全滅したのか」と情けない思いに駆られたものである。その頃は、女学生だったから、「辺にこそ死なめ」の意味も解っていた。「玉砕」という言葉は美しい。しかし、それは「全滅」のこと。実は、敗北のサインでしかない。ただ、私は、幼い時の「おなら談義」を思い出して、悲しいけれど少しおかしかった。

確かアッツ島の全滅が、「玉砕」と告げられた最初だったかと思う。守備隊長の山崎大佐というお人が、父の知人らしいと聞かされて、感無量だった。山崎大佐以下の守備隊の人たちを悼みつつも、何やら不思議な気持ちだったことを覚えている。

戦争末期には威勢の良い軍艦マーチは流れず、「海行かば」がしきりに流れた。太平洋の島々は、すべてアメリカ軍に占領され、本土上陸も近いと思われた。敵兵が上陸してきて白兵戦になる。とすれば、私たちも「死ぬだろう」と思ったが、不思議なことに、「敗戦」の二文字は思い浮かばなかった。日本は神の国である。敗ける筈はないと思い込んでいたらしい。何しろ、日本は、世界で一つの神の国なのだから。

## (5) アジアの盟主

戦時下にスローガンと化した「八紘一宇」の標語にも違和感はなかった。天の下はすべて一つの家、アジアの民は皆兄弟なのだ。そして、日本は、神の国なるがゆえに、その盟主として位置づく。

ビルマ（現：ミャンマー）独立の闘士チャンドラ・ボース氏、インドのガンジー翁、そして中国の汪兆銘氏など、すべて日本の協力者と思って、「いい人」の範疇に入れた。チャンドラ・ボース氏が、民族服をまとって「日本との共闘」を叫ぶとき、私たちは、誇らしさで胸を張った。

「興亜行進曲」とか「大亜細亜獅子吼の歌」とかいう歌も、この理解を後押しした。「興亜行進曲」の第一節は、以下のようであったと記憶している。

今ぞ起《た》て　アジアのアジア
十億の自覚のうちに
大いなる朝は明けたり
今ぞ起《た》て　強きアジア
燦爛の文化は燃えり

「大東亜獅子吼の歌」の中には、次のような歌詞が埋め込まれていた。

眠れる獅子よ
目覚めよや
吠えよ　奮えよ

「眠れる獅子」とは中国のこと。早く目覚めてほしいと思った。そして、目覚めさせる役割は日本がになっているのだから、私たちも早く成人して、この役割を果たそうと思った。

私たち女の子は、戦闘に直接参加は出来ないけれど、中国やビルマに向かって、「早く目覚めて、自分の国を大切になさい」と呼びかけることは出来るのだ。

私は、「眠れる獅子」とは「中国」のことと、周囲の級友たちに伝えたりしながら、そんなことを考えた。

分列行進や防火訓練で、「従う」ことだけを求められていた当時の子どもだった。だから、優等生らしく「教えられたこと」を「そうだ」と思い、確かめ合いさえしたのである。

「眠れる獅子を　目覚めよ」とは、疑いもなく日本人の呼びかけるべき言葉。そのことは、当時の子どもたちに疑う余地もなかった。

何しろ、当時のアジアの地図は、殆どが欧米の色に染まっていた。現在は、独立諸国であるけれども、インドもビルマ（ミャンマー）もオーストラリアも、英国の「ピンクの色」だった。フィリピンはアメリカの「緑色」。そして、ジャワ島やスマトラ島はオランダの「紫色」だったのだから。世界地図を広げると、その頁もまた、日本人の抱いた「聖戦観」を後押ししていた。この戦いは、アジアの解放であると言う……。

# 第二部

# 戦時歌謡と子ども

# 第一章　歌の力・歌詞のイメージ

## (1)　音楽を動員せよ

ラジオのスイッチをひねると、いつも流れてくるのは、戦時歌謡であった。「勝ってくるぞと勇ましく」とか、「父よあなたは強かった」とか……。

そして、子どもたちは、意味を考えもせずに声を揃えてそれを歌った。また、時には、毬つき歌にして遊んだりもした。こんな時、「小学唱歌」はすっかり影を潜めた。

「小学唱歌」とは、「唱歌」の授業の時だけ歌うものだった。しかし、強いて思い出してみると、色んな歌があったし、改めて考えると、よい歌もあった。

『「小学唱歌」忍耐』

野を流れての末ついに
海となるべき山水も
しばし木の葉の下くぐるなり
見よ　しのぶなり　山水も

『「小学唱歌」冬景色』
さ霧消ゆる　湊江の
舟に白し　朝の霜
ただ水鳥の　声はして
今だ覚めず　岸の家

『「小学唱歌」田舎の四季』
道をはさんで　畠一面に
麦はほが出る　菜は花盛り
眠る蝶々　とび立つひばり
吹くや春風　たもとも軽く
あちらこちらに　桑つむおとめ
日まし日ましに　春蚕も太る

『「小学唱歌」燕』
町のはづれの電線に
友まちがほの　つばくらめ

潮路はるばる越えて来た
旅の仲間は何処にゐる
　山は夕日が赤く照る

『「小学唱歌」朧月夜』
菜の花畠に　入り日薄れ
見わたす山の端《は》　霞深し
春風そよふく　空を見れば
夕月かかりて　にほひ淡し

どの歌も悪くはない。言葉によって描き出される情景は、いずれも美しく、日本の田園風景。しかし、これらを歌うとき、歌う子どもにその情景が浮かぶだろうか。「菜の花畠に入り日が薄れていくところ」も、入り江にもやっている舟が「朝の霧で白くなっている所」も、見たことも聞いたこともない子どもたちにとっては、ただ「コトバ」でしかない。ピアノに合わせて唱える意味不明のコトバ。

「文部省唱歌」とか「小学唱歌」とか呼ばれるこれらの歌詞とメロディーには、子どもは除外されて、大人の趣味に叶った「自然」や「風景」が列挙されている。日本古来の伝記よろしく、四季折々の花鳥風月や道徳的教訓の歌。時には、歴史上の出来事を補完・強調する歌。子どもたちが「歌うこと」を喜び、歌う楽しさを共有出来るか否かなど、教科書を作る人たちの視野には入ってこないらしいのである。従って、これらの歌は、学校の音楽室の中だけで歌うものだった。毬をついたり、縄跳びをしたりするときには、出番がない。

そんな時は、むしろ、戦時歌謡の方がより親しかった。毬をつき、股をくぐらせ、隣の人に毬を渡す。そんな時には、「菜の花畠に入り日うすれ」ではどうにもならないだろう。むしろ、「勝ってくるぞと勇ましく」の方がふさわしい。

戦時歌謡は、「音楽を動員せよ」という戦時体制の中で生まれた。そして、一番早く、一番巧みに、動員されてしまったのは、子どもたちであった。

## (2)　映画とその主題歌

子どもたちの戦意高揚が狙いだったのでもあろうか。全校一斉に、映画鑑賞に当てる日も少なくなかったように思う。しかし、それにしては、私が記憶している映画は、それほど多くない。もっと沢山、観せてもらった筈なのにと思うのだが、殆ど思い出せないのである。しかも、映画そのものにまして、主題歌だけは、ハッキリと覚えている始末である。思い出せるのは、「海軍」。それも、ストーリーよりも主題歌絡みで、その場面を思い出すという次第である。

「海軍」という映画では、「予科練（飛行予科練習生）のうた」が注目され、その後の大流行を産んだ。しかも、歌が流行っただけではなく、その後の若者たちの「予科練志願」までをもあおり立てたのである。

もともと、海軍士官になるためには、「海軍兵学校」という入試競争激烈な関門をくぐり抜けねばならなかった。旧制中学の四年以上に受験資格があったが、合格者は、身体強健でしかもその身体条件は海軍の基準に叶い、品行方正で、さらに学術優秀なものに限られていた。天皇を除く日本の皇族の男子は、陸海いずれかのエリート将校養成所で勉学することを義務づけられていたので、陸軍幼年学校か海軍兵学校には、皇族の男子が在籍した。これらの学校は、少数精鋭主義であった。

しかし、戦乱の続く二十世紀、わが国もその一端をになうことで、これら軍の士官の増員が要求される。そこで、予科練が注目されることになった。

「予科練」は、一九三〇年に創設されているが、特に志願者が増え、社会的にその存在を誇示したのは、第二次世界大戦中であった。陸海軍の士官、特に航空士官の増加が国家的要求となったからである。予科練は、海兵よりも低年齢で志願出来たし、激烈な入試競争を要求される海兵より、幾分かは入り易かったらしい。

わが国が第二次世界大戦に参入して以来、予科練は日進月歩の増大を示した。「予科練のうた」の大流行も、それに恐らく拍車をかけたに相違ない。少年たちが予科練に憧れ、一日も早く入隊したいと考えたのも、このことと、恐らく無縁ではないだろう。

そして、この歌の流行に火をつけたのは、映画「海軍」の主題歌として登場した「予科練のうた」であった。

「予科練のうた」（第一節）

若い血潮の予科練の
七つボタンは桜に錨
今日も飛ぶ飛ぶ霞ヶ浦にゃ
でっかい希望の雲が湧く

映画のストーリーは、殆ど覚えていないが、この歌だけは現在もなお歌うことが出来る。七つボタンの制服に身を固めた予科練生が数名、固まってこの歌を歌う。ストーリーは覚えていないのに、この場面だけはハッキリと思い出される。

「若い血潮の　ヨカレンは――」と歌う彼らの口の動き。その場面に居合わせて、耳を傾けて歌を聴いていた美しい女優は、一体、誰だったのだろうか。

### (3)　唱歌コンクールと戦時歌謡

唱歌コンクール向けの練習だったのでもあろうか。音楽室から見事なソプラノが聞こえてきた。誰か知らない他学年の女生徒が、美声を張り上げて練習していたのである。

見たか銀翼この勇姿
日本男児が精こめて

作って育てたわが愛機
空の護りは引き受けた
来るなら来てみろ　赤蜻蛉
ブンブン荒鷲　ブンと飛ぶぞ

当時は独唱する歌手が女生徒であっても、こんな歌を歌わされた。コンクールなどとは言わず、「全国小学生唱歌祭」とか言ったように思うが定かではない。課題曲一つと、自由曲一つ。自由曲は、級全員の斉唱でも、誰か一人の美声を聞かせるのでも、よかったらしく、どこかの級が美声の持ち主に独唱をさせていたのである。

その街一番の大ホールで、審査員たちを前にして歌う。そんな時の歌として選ばれたのが、「ブンブン荒鷲ブンと飛ぶぞ」だったのである。

「赤蜻蛉」が何を指すのかよくわからなかったが、「来るなら来てみろと」と言うからには、敵国の飛行機らしいと想像した。二節目か三節目に、「南京ぐらいは一またぎ」とあるから、日中戦争の歌であろうか。そう言えば、爆撃機に乗り込んだ「南郷中佐」とか言う軍人が有名であった。巧みな操縦術で敵の攻撃を交わし、中国の首都南京を爆撃した雄姿として知られていた。

しかも、その飛行機も日本人が作ったものという次第であれば、子どもたちの心は踊る。私たちは、音楽室の美声に耳を澄まし、その歌をすっかり覚えてしまった。題は知らないけれど、歌詞だけは今でもスラスラと唱えることが出来る。

この歌は、子どもの遊び歌にもなり、私たちも毬をつきながらこの歌で遊んだから、恐らく、かなりの頻度で巷に流れたのであろう。四節の歌詞のすべてが、「ブンブン荒鷲ブンと飛ぶぞ」で終るところが小気味よかった。また「荒鷲」という呼称も、この歌の流行を契機としているとかいうことだ。

唱歌祭のステージを賑わした歌には、次のようなものもあった。歌の題名は、後に知ったのだが『暁に祈る』。当時は「ああ　あの顔で』などと呼んでいた。

ああ あの顔で あの声で
手柄たのむと 妻や子が
ちぎれる程に 振った旗
遠い雲間に また浮かぶ

この歌も、巷に溢れていたが、唱歌祭の自由曲にもよく選ばれ、中には、振りをつけてダンスと斉唱を組み合わせたものもあった。白い体操着の女生徒二人がダンスをし、その後ろに整揃いした生徒たちが斉唱する。「ああ　あの顔で　あの声で」。こんな光景は、今も鮮やかに記憶に浮かんでくる。

この歌は、二節の歌詞が私は好きだった。二節目は、輸送船で中国大陸か、はたまた南の島かへ、送られて行く兵士たちの歌だった。船が大洋へと乗り出し、日本列島は遠くへと消えていく。そこで、兵士たちは甲板に出て、遠く離れゆく祖国に向かって礼拝する。「さらば　祖国よ　栄えあれ」と祈りつつ……。ああ、日本は島国なんだな、としみじみ思った。輸送船に乗せられて、波に揺られつつ、遥かに霞む祖国の山々、島々に、万感の想いをこめて別れを告げる兵士たち、そんな姿を想像して胸を熱くした。

ああ　堂々の　輸送船
さらば　祖国よ　栄えあれ
遥かに拝む　宮城の
空に誓った　この決意

日本は島国、一度舟に乗せられてしまえば、もう簡単に帰ることは出来ない。勝ち戦の時はよいが、戦争末期に召集された兵士たちは、行先が島らしいと知らされると、絶望感にとらえられたということだ。しかし、子どもたちはそんなことなど知る由もなく、ただ、甲板上から日本の島々に別れを告げる男たちの姿が、何かしら切なく心に響いたのであろう。

しかし、この歌詞には、妻や子が「手柄頼む」と願ったとある。また、『露営の歌』にも、「手柄たてずに死なりようか」とあった。

出て征く人も送る人も、戦国時代の武者よろしく、「手柄をたてること」が主題とされている。近代戦が、一兵卒の手柄などふきとばしてしまうものだということを、誰一人、考えなかったとでもいうのだろうか。

ましてや子どもたちは、戦さとは、兵士一人一人の勇敢さに支えられていると信じて、疑うこともなかった。戦に征くとは、自身の生命を危険にさらすことであり、戦場＝死の危険の場であるなどとは、思いも及ばぬ子どもたちであった。「遺骨の出迎え」は小学生たちに課された義務であり、それには「無言の凱旋」などと言う美しい名前が付与されていた。だから、戦争は美しく、そこで死ぬ兵士たちは、何やら甘美な香りに包まれて見えた。戦争が死と直結したイメージとなったのは、戦争末期である。玉砕に次ぐ玉砕で、敗色の濃くなりまさる中、子どもたちも、「もしかしたら死ぬかも知れない」と思わされた。しかし、不思議なことに「日本が敗ける」と考えたことはなかった。何しろ、日本は、世界でただ一つの神の国なのだから……。

## (4)　唱歌コンクールと教科書の歌

唱歌祭の自由曲は、圧倒的に戦時歌謡が多かったように記憶している。しかし、教科書掲載の歌が、皆無だったわけではない。中でも、『児島高徳の歌』は、よく選ばれたように覚えている。

児島高徳とは、南北朝時代に、南朝の後醍醐天皇に仕えた忠臣の一人とされている。後醍醐天皇が足利方の追跡を逃れる逃避行の最中に、桜の幹に中国の故事を歌った漢詩を記して、天皇を慰めたとかいう。どんな人で、どんな戦いをし、武将として天皇をいかに助けたかということなど何一つ知らないままに、橋の幹に「十字の詩」を刻み付けたという挿話に、私たちはひどく感激した。だから、その歌もしっかりと覚え込んでしまった。

『児島高徳の歌』
　舟坂山や杉坂と
　御あと慕いて院の庄
　微衷をいかで聞えんと
　桜の幹に十字の詩
　「天勾践を空しゅうする莫《なか》れ
　　時に范蠡無きにしも非ず」

「勾践」も「范蠡」も知らず、中国の春秋時代の故事だなどとは知る由もなく、でも、この歌は気に入ってよく歌った。もちろん、「天勾践」のところを、「転校生」などと自分の知識の範疇に置き換えて歌っていたのだが、児島高徳は「忠臣」で、「いい人」だと思い込んでいた。何しろ、教科書にのっているのだし、天皇はこの「十字の詩」を見て、にっこりと微笑まれたというのだから。

当時の唱歌教材は、皇国史観に基づく「日本国史」の故事や、道徳教材としての「修身」を補完するようなものが多かった。

しかし、私たちの音楽教師は、恐らく、独自の考えがあったらしく、北原白秋の『珊瑚樹』というのを歌わされた。

あの花は　白い珊瑚樹
夢に見た　白い帆の舟
白い舟　月の夜の舟
キリコロと　音もしさうよ

一節目の歌詞はこうだったように思うが、定かではない。考えてみれば、当時の子どもたちは、大正童心主義の童謡にまして、戦時歌謡のほうが心に叶ったのかも知れない。

教師の選んだ歌を、格別きれいだとも、私たちの世界だとも思わず、ただ唱歌祭のためだけに「歌った」というより「歌わされた」。

少なくとも、「見たか銀翼」や「ああ　あの顔で」の方だったらよかったのに、などと思いつつ……。

### (5) 従軍看護婦ごっこ

休日は大変だった。兄の級友たちに近所の子どもも混じって、「戦争ごっこ」が始まる。男の子が二十名以上、家の内外を駆け廻るのだった。

女の子の仕事は、慰問袋作り。二十数枚の紙袋の中に手紙とお薬を詰め込み、慰問袋を作り上げる。あれだけの紙袋を、日曜日毎に用意するのは、大仕事だったろうと思うが、当時は、御用聞きの商人に、「小さな紙袋を五十枚」とか言えば、用意してくれたものらしい。

ところで、それで用済みかと思うとさにあらずで、「従軍看護婦」の役がふられた。赤十字の旗を作り、部屋の隅に立てる。座ぶとんを数枚用意して、負傷兵用の寝床を作る。忘れてはならないのが、看護婦用の帽子であった。雑誌の付録にでもあったのか、とにかく看護婦の帽子らしきものを作り上げ、かぶってみたりして準備万端というところ。

戦争ごっこの始まりがどうなっていたのかはよく覚えていない。いつのまにか、敵味方に分かれて、竹の棒の小銃を撃ち合い始めたりするのである。

やがて、「ヤラレター」とか叫んで、バッタリ倒れたりする子どもが出てくると、私たちの出番であった。私たち従軍看護婦は、出動するときは歌を歌った。『婦人従軍歌』というのがあったからだ。弾丸の飛び交う戦場で、歌どころではない筈だが、私たちは必ずその歌を歌った。

『婦人従軍歌』

火筒の響き遠ざかる
跡には虫も声たてず
吹き立つ風はなまぐさく
くれない染めし草の色

歌いやすく、歩きやすいメロディーがつけられていたから、看護婦の出動するときは、必ず歌わなければならないものと思い込んでいたらしい。

　第一、二節は、凄惨な戦場風景が歌われる。その後に、「やがて十字の旗を立て」と「赤十字」の出番となる。私たちは、「ヤラレター」とか大げさに叫んで倒れている負傷兵のところを廻り、彼らの救助に当たるのである。もちろん、男の子たちを運ぶのは、女の子の力では無理だったから、「赤十字」の旗のところまで自力で歩いて貰うのだが、中には「歩けない、足の負傷だ」などとわめいて、私たちを困らせる男の子もいた。

　包帯に見立てた白い布を、負傷兵が痛がる場所に巻いてやると、彼らは再び戦場へ飛び出して行った。そんな後姿を見送りつつ、「男の子は、どうしてこんなに戦争が好きなんだろう」と不思議がったことを、思い出す。

　私にとって、この遊びは、余り面白くなかった。しかし仲間に入れて貰えることは、少し嬉しかったから、大人しく従軍看護婦の役をつとめた。

　それに、「テントに待つは日の本の　ジーンとアイとに富む婦人」と歌にあるから、従軍看護婦はきっと「いい人」なんだろうと思って誇らしかった。「ジーン」とは、「仁」のことだと知ったのは、ずっと後のことである。

## ⑹　ハニホヘトイロハ

「ドレミ」という音階の呼称は、和製ではない。学校教育で子どもを日本国民とすべく、教科・教材のすべては「和製」であるべきとする当局の意図で、音階の呼称も改められたのである。文部大臣は、誰であったろうか。固有名詞は忘れてしまったが、確か陸軍大将だったようにも思う。定かではないが……。そこで、音階の呼称「ドレミファソラシド」が「ハニホヘトイロハ」と改められたのであった。

私たちは声を揃えた。「ハニホヘトイロハ」「ハニホヘトイロハ」と……。こんな歌い方が、かつてあったのか否かは知らない。しかし、私たちは間違えないように緊張して、「ハホト」とか「トホハ」とか、懸命に歌った。そして、馴れ親しんだ歌を、「ハニホ、ハニホ、ハニホトホハニ」などと、経文めいた歌に声を揃えた。

この歌い方は、私たち子どもに、二重の手間を強いた。何故なら、私たちはまずそのメロディーを日本語の歌詞で歌ってみる。例えば、「咲いた、咲いた、チューリップの花が」というように……。それから、それを音階名で歌う。「ドレミ　ドレミ　ソミレドレミレ」というように……。そして、その後で、それを「ハニホヘト」に転換するのである。「ハニホ　ハニホ　トホニハニホニ」と変換するから、二重三重の手間がかかるわけである。しかし、国民学校の生徒たるもの、「ハニホヘトイロハ」という音階名で歌わなくてはならなかったのである。

しかし、先ず「ドレミ」に変換したことからみて、「ドレミ」にはそれほどなじんでいたことが不思議である。音楽室で取り立てて「ドレミ」を学んだ記憶はない。というより、あやふやである。どこでどうしてなじんでしまったのだろうか。いつの間にか、私たちの中にしのび込んでしまったとでもいうかのようだ。

音階の和風転換は、容易に浸透しなかった。私たちは、「ハニホヘトイロハ」と唱えはしたが、それは、野球のアンパイアが「セーフ」を「よし」、「アウト」を「だめ」と、何やら嘘っぽく叫んでいるのと等しく、何かしらしっくりこない、というようだった。

歌詞は違った。歌詞は、ものの見事に「動員」されていて、戦時色一辺倒。私たち子どもは、その歌詞を通して戦争を知り、この戦争は亜細亜諸国を、欧米列強の魔の手から救うのだと思い込んでしまった。

私たち「少国民」は、「興亜の使命」を双肩にになって、正義のために戦うのだ。しかし、「興亜の使命」とは何か、何故、私たち日本の子どもがそれをになうのか、さっぱり解ってはいなかった。ただ、歌詞は唱えている。「興亜の使命、双肩にないて起《た》てり」と……。歌詞だけは、ものの見事に、当局に動員されていたのであった。

## (7) 戦時歌謡と兄弟喧嘩

「父よあなたは強かった」が流行した時期だから、日中戦争の初期だったでもあろうか。歌の歌詞をめぐって、弟と喧嘩をした事があった。何節目かに、「よくこそ　遂げて下さった」とあるのを、弟は「違う」と言ってゆずらないのである。弟は、「よくこそ　泊めて下さった」だと言い張るのだった。

弟の主張は次のようだった。日本軍が進撃の途中で夜を迎える。野宿も止むなしと思い定めていると、中国の人々が部屋を提供し、寝床を用意して「泊めてくれた」のだ。そこで、それを感謝して、「よくこそ泊めてくださった」と歌うのだ、というのである。

後に思ったのは、弟たちの学年の教育のあり方だった。「大東亜共栄圏」「五族協和」「十億の民よ目覚めよ」などなど、アジアの植民地化を防ぎ、アジア人種が一体となって支配国の欧米列強に立ち向かう。そのための、正義の戦いであることが強調され、わが国のリーダーシップが誇らかに讃えられた時代だった。弟たちの学年はそのことが強調された指導方針だったのではないか。

「だから『泊めて』なんだよ」とくり返す弟の顔が、今でも忘れられない。子どもたちは何故、教えられるままに信じこんでしまうのだろうか。私にしても、「高天原ってどこにあるんだろう」と空を見上げ、ニニギの尊が鹿児島県の「高千穂の峯」に降臨したとかいう神話を史実と信じて、疑うことをしなかったのだ。兄弟の想い出と言えば、兄には終始、からかわれっ放しだったように思っている。例えば、『愛国行進曲』の「金甌無欠揺るぎなき」を、意味もわからず『チンオウムケツ』と覚えて、兄に大笑いされたことがあった。私には「キンオウムケツ」も「チンオウムケツ」も、どちらも解らなかったから、兄が何を笑っているのかも理解不能であった。

弟とは、先に述べたように、「よくこそ遂げて」か、「よくこそ泊めて」かで、華々しく言い争った。弟の言い分にも一理あるなと思いつつ、私もゆずらなかったような気がする。

太平洋戦争（当時は大東亜戦争）開戦以後「大東亜共栄圏」なる言葉が跳梁した。私たちが、「この戦争は正しい」と思い込み、「アジアの民も一致して欧米諸国と対抗」すべきだと考えるようになったのは、この、「共栄思想」のゆえであったらしい。アジア諸国を次々と植民地化する英国・オランダ、それに協調するアメリカは、「ひどい国」だと思い知らされた。

この頃、ラジオから流れ出したのは『興亜行進曲』とか、『大亜細亜獅子吼の歌』などの、アジアを中心としたものであった。

しかし、余り歌わなかったらしく、一節目の歌詞しか思い出せない。しかし、断片的に埋め込まれていた言葉は、記憶の底から浮かび上がってくる。

『大亜細亜獅子吼の歌』の歌詞の一部

曙ぞ良き訪れぞ
荒野なる眠れる獅子よ
目覚めよや　吼えよ奮えよ

私は、「眠れる獅子」とは中国のことだと知っていて、周囲の級友たちに説明した。「獅子のような力を持っているのに、眠り呆けているのよ」などと……。何故知っていたのかは判然としない。ただ、これらの歌は余り歌わなかったらしく、全体は忘れてしまった。

もう一つの『興亜行進曲』も、余り歌わなかったらしく、余り覚えていないが、断片的に想い出される歌詞がある。

『興亜行進曲』　―断片的に―

今ぞ世紀の朝ぼらけ
豊栄《とよさか》のぼる旭日の
（略）
担いてたてり　民五億

アジアの民は、「五億」だったり「十億」だったりする。一体、どっちが正しいんだろうと不思議に思ったので、この一行は忘れ難い。

また、何節目かに、「聴《き》け　天地にこだまして」という歌詞があり、ここを歌うたびに級友の「児玉《こだま》さん」を指した。児玉さんは笑いながら、「わたしの歌よ」などと叫んだりして、皆を笑わせたのでよく覚えているが、全体を改めて確かめると、まことに難しい言葉の連なりであった。私たちは、何をイメージして、「トヨサカノボル」とか、「輝く門出ことほぎて」などと歌わされていたのだろうか。

## ⑻「私」の愛唱した戦時歌謡

個人的体験と強く結びついた歌としては、「愛馬行進曲」が挙げられる。私の父は砲兵将校であったが、当番兵の引く馬の背に揺られて、聯隊への出勤を果たすのが常だった。

当番兵は、毎朝馬を引いてわが家を訪れる。そして、父の出勤準備が整うまで、馬は門の脇の木に繋がれ、当番兵は縁側に腰掛けて、私たちの相手をしてくれた。

当番兵の中には、庭の草むしりなどしてくれる人もいたらしいが、父はそれを禁止した。「兵隊は国家の定めに従って家郷を離れ、軍隊に入っている。将校の家庭の雑用などに使ってはならない。」というのが理由らしかった。

そこで、私たちは、縁側に腰掛けている当番兵に、色々な「お話」をねだった。「お話」は、主として「父」や「乗馬」のことだった。

私たちは、彼らの口から、聯隊の生活や、聯隊内での父の言動、あるいは、父の乗馬である「ライセ」のことなどを聞いて、面白がった。「今日は何のお話」などと、新しい話をねだったりもした。「ライセ」は、時にいななき、時に地面を蹴ったりしながら、父が出てくるのを待つのだった。

その「ライセ」は、父とともに大陸にわたり、銃弾に倒れた。父は無傷であったらしいが、詳細は不明である。そんなこんなで、私は『愛馬行進曲』という歌に、思い入れが深かった。

国を出てから幾月ぞ
共に死ぬ気でこの馬と
攻めて進んだ山や河
執った手綱に血が通う
（第一節）

昨日陥したトーチカで
今日は仮寝のたか鼾
馬よぐっすり眠れたか
明日の戦は手強いぞ
（第二節）（以下忘却）

歌の何節目かに「塵にまみれたひげ面に　何でなつくか顔よせて」というのがあったが、その前後は思い出せない。私は、この歌を歌いながら、「ライセ」の大きな眼を懐かしがったりした。「父の身代わりありがとう」と……。

『馬』という映画を観にいった記憶がある。教師の引率で学年全体で行ったのか、あるいは、フィルムを借りてきて、学校で上映したのかは定かではない。ただ、農耕馬として生まれた仔馬を、家族として可愛がって育てたが、やがて軍馬として献上するような物語だったような気がする。

私たちは、農作業をした経験もなく、農耕馬を育てたこともなかったが、何故かその映画と、当時流行った「めんこい仔馬」という歌はよく覚えていて、よく歌った。

濡れた仔馬のたてがみを
撫でりゃ両手に朝の露
呼べば答えてめんこいぞ　オーラ
駈けて行こかよ丘の道
ハイドハイドウ丘の道

この歌が、何故、私にとって大切な歌だったのかはよく解らない。ただ、家族のように大切に育てた馬を、軍馬として差し出すのは辛かっただろうなとは思った。そして、馬には「農耕馬」と「軍馬」があるのかなと一寸不思議だった。でも、「ハイド　ハイドウ丘の道」と歌いながら、友人たちと肩を組んで歩いたものだった。

戦時中の日本では、ラジオをつけると戦時歌謡が流れ、巷には同様の歌で溢れていた。従って私たち子どもも、歌う歌わないにかかわらず、これらの歌を覚えた。現在も、その歌詞を覚えているのは、恐らくそのせいであろうかと思われる。

次の一連の歌などは、メロディーはあやふやながら、歌詞だけはよく覚えているから、余り歌ったことはないのであろう。それに、メロディーはどれも似たようなものだったかと思う。

そして、歌詞によって戦争のイメージは作られた。だから、「日本は敗ける」などと考えたこともなく、「日本兵は正義の戦いを戦っているのだ」とばかり、思い込んでいた。とりわけ、戦争に行く予定のない女の子たちにとっては、「戦争」とは、戦時歌謡であったのだった。戦争末期に流行った歌は、「出てこいニミッツ・マッカーサー　出てくりゃ地獄へ逆落とし」とかいうのであった。

恐らく、歌ったことのない歌らしく、メロディーは正確には覚えていない。ただ、「ニミッツ」とか「マッカーサー」とか、アメリカの将軍たちの名が出てくるのが面白かった。そして、アメリカでは、「出てこい、山下（奉文）、山本（五十六）さん」などと歌っているのかなと、チラと考えたりした

開戦時には、日露戦争直後の歌がよく歌われたし、それらの歌は、私の母たちの世代に親しかったらしく、母と声を揃えて歌ったこともあった。ただ意味はよく解らず、「リョウヨウジョウトウ　ヨワタケテー」とか「テキハイクマンアリトテモ　スベテウゴウノシュウナルゾ」などと……。

しかし子どもの私としては「遼陽城頭　夜は闌けて」の意味が解らず、単なる囃子言葉と捉えて、「ヨウヨウヨウヨウト　ヨワタケテー」などと歌っていたらしい。

小学校の「唱歌」の教科書には、陸軍の軍神橘中佐を讃えた別の歌が掲載されていた。しかし、この歌も、難しい言葉の連なりで解りにくかったから、海軍の軍神と讃えられた広瀬中佐の方がよく歌われたし、今でも歌えるほどによく覚えている。

『広瀬中佐』
轟く砲音《つとおと》　飛び来る弾丸
荒波洗う　デッキの上に
闇を貫く　中佐の叫び
「杉野は何処　杉野は居ずや」
（一節）

この歌は全三節あるが、現在でも三節まで歌うことが出来る。

『橘中佐』

屍は積もりて　山を築き
血潮は流れて　川をなす
修羅の巷か　向陽寺《しゃおんずい》
雲間を洩るる　月青し

この歌も全三節あるが、辛うじて覚えているのは、第一節。それも「向陽寺《しゃおんずい》」という地名が珍しくて覚えている次第である。

## ⑼「任侠もの」の隠れ流行

私たちが「み民われ」と声を張り上げていた同じ頃、任侠ものがこっそりと流行していたらしい。一年ちがいの戦時中の女学生の一人は、「風が柳が勘太郎さんか」と歌っていたという。ただし、家で歌うと叱られそうなので、仲間だけでこっそりと歌って喜んでいたという。

昭和十七、八年に流行した歌を見ると、『ダンチョネ節』とか、『シャンラン節』というのがある。前者は、歌いはしなかったけれど、よく知っている歌である。

飛行機乗りには　娘はやれぬ
やれぬ娘がネ

行きたがる　ダンチョネ

知人の娘さんが、学徒兵の飛行機乗りと恋仲になり、親御さんが反対しているという話を聞いていたから、この歌が身に染みたのかも知れない。後者は、歌詞のおおよそは知らなかったが、囃子ことばの「ツーツーレロレロツーレーロ」の所はよく歌った。何の意味かも解らず、弟たちと声を揃えていたのを覚えている。正確には、次のような歌らしかった。戦時下の酒席では、よく歌われた歌であるとか……。

薫るジャスミン　どなたが呉れた
パパヤ畑の　月に問え　月に問え
ツーツーレロレロ　ツーレーロ
ツーレーラレ　ツレトレシャン
ツレラレトレ　シャンランラン

酒席の歌を、子どもが何故知っていたのであろうか。流行歌というものの不思議さを思う。しかし、『勘太郎月夜唄』というのは知らなかった。どこかで、女学生たちがこっそり歌っていたのでもあろうか。もちろん、戦後にも流行っていたこの歌の一節くらいは、どこかから私の中にもしのびこんでいるけれど……。任侠ものが私の歌とならなかったのは、もしかしたら、私の受けた教育と、育った家庭のせいかも知れない。

『吉良の仁吉』などというのも流行っていたらしいが、私の記憶にはなかった。そのゆえか、一級上の人たちが、どこかでこっそりと、「影が柳が勘太郎さんか」と歌っていたと知った時は、驚いたし、何かしらひどくおかしかった。

## ⑽　靖国神社の歌

戦さに臨む若者たちが、手を取り合って「靖国で会おう」と言うとき、靖国神社とは類い稀な聖地であり、皇国を守って己の身を捧げた若者たちの「集いの場」であり、「憩いの場」であった。「靖国には祭ってほしくない」と言い遺した若者のことなど知る由もなく、子どもたちは靖国を讃えた。何しろ、平凡な一人の兵士が「神に変化する」不思議な場所でもあったのだから……。

次の歌が靖国の徳を讃えた。

日の本の光に映えて
尽忠の雄魂祀る
宮柱　太く燦たり
ああ大君の　ぬかづき給ふ
栄光の宮　靖國神社

この歌の何節目かに、「ああ、同胞の感謝は薫る　桜咲く宮靖国神社」という歌詞があった。女に生まれてきたからには戦場に立つと言うことは叶わない。しかし、心を合わせて国のことを思い、それを体して戦ってくれるつわものに感謝するのなら、女・子どもと言えども国のために尽くすことになるのではないか。そんなことを考えていたのでもあろうか。私は、専らの「軍国少女」だったらしいのだから……。

そう、靖国神社には桜が咲いた。春の訪れを告げて、先駆けて咲く桜。あの桜には、戦いで死んだ若者たちが、故国に帰って蕾を咲かせているのであろうと、靖国の桜を人一倍美しく眺めた。そして、子どもながらも胸を、熱くした。

ただ一つ、「宮柱　太く燦たり」という箇所は納得いかなかった。こんな聖なる歌に「柱が太い」とか、「細い」とか、日常的な価値観を持ち込んではならないと思っていた。だから、私は、これはきっと「福徳」の間違いだろうと考えた。

「福徳」という「徳」があるかないかは知らない。ただ、単純に「太い」というより、何かしら尊いことに思えるし、「御社の徳が輝く」というほうがこの歌にふさわしいと思ったらしい。一人「福徳燦たり」と歌った。周囲の人が間違っていると思いつつ……。

私は、家人たちの間違いを修正してやった。母は怪訝そうな顔をして、「太く燦たり、じゃないのかしら」と言うのに、「福徳よ」と主張した。宮柱が太くたって細くたって、そんなことはどうでもいいのだ。

ところで、この歌は、公開後、歌詞の一部を変更することになった。「ああ、大君の額づき給う」が、不敬に当たるとされて、「御拝し給う」に変更を余儀なくされたのである。「額づく」は駄目で、「御拝す」は可。このちがいが私には余りよくわからなかった。

当時の天皇は、軍服姿が正装だった。正式には、「大礼服」と呼ばれる式典の時などに着る礼装を身につけ、胸一杯に勲章をつけている写真が、当時は「御真影」と呼ばれていた。この写真は、直視してはならず、体を九〇度に折り曲げて最敬礼をするのがきまりだった。

それでも、一寸目に入るそのお姿は、ローブデコルテの皇后と一緒に、特別の人に見えたから、「あんなに勲章を沢山つけていたのでは、靖国神社の前で額がつくほどに深く、拝礼するのは大変なんだろう」と思った。だから、歌が変わったのかな。子どもであった私は、そんなことを考えたりした。

「御真影」は、式典の時には、校長が恭々しく捧げ持って、全校生徒の前に置いたが、通常は、「奉安殿」と呼ばれる特別の建物の中に安置されていた。私たちは、その前を通るときは、立ち止まり、最敬礼をするのがきまりだった。きまりだから、私もそれは守った。

しかし、「現人神」という言葉の意味はよく解らなかった。

「天皇は、神であって、人である」とは、教会学校で教えられた「イエス・キリスト」と同じみたいだと思ったりした。でも、イエス・キリストより、「大日本帝国天皇」の方が偉いんだろうなと思った。何しろ、イエス・キリストは、毛むくじゃらで粗末な衣服を着ているのに、天皇は、「大礼服」なのだから……。

教えられるままに、「御真影」に最敬礼をし、「現人神」であると思っていたけれど、私の天皇観とは、その程度のものであった。勲章が邪魔になるから、靖国神社で「額づく」ことが出来ず、「御拝する」お方であるという程度の……。

従って、兄が「陸軍幼年学校」という陸軍将校の養成校に入学し、夏休みに帰省した時、「一朝事ある時は、天皇の御馬前で死ぬんだ」と言ったことで非常に驚いたことを覚えている。確かに、天皇は軍服を着て白馬に乗っている。だからと言って、「何故、御馬前で」と不思議だった。

## ⑾　聯合艦隊司令長官の死

たとえば山本五十六聯合艦隊司令長官の戦死は、時の軍部には衝撃的な事件であったらしいが、子どもにとっては詳細不明。ただ、海軍の一番偉い人、そう、日本海海戦時の東郷元帥のような人でも、米軍機によって撃墜されてしまうのかと、米軍の強さだけを心に受け留めた記憶がある。それに、私には、山本長官を何となく好きだったから、悼む気持ちは強かったようだ。

「何故、好きか」と問われても答えようがないが、当時を代表する軍人たちに関して、好き嫌いがあったとは少々奇妙である。しかし、海軍では山本長官、陸軍では山下奉文司令官と梅津大将。こんな人たちが何となく気に入っていて、東条英機首相は余り好きではなかった。もちろん、「軍人のくせに、眼鏡なんかかけていて」という程度の嫌い方で、眼鏡をかけるのは、学者か、医者と思い込んでいた。

ならば、山本長官を悼む歌をよく歌ったかというとそうでもない。ただ、一番の歌詞だけは、現在も鮮明に覚えている。

ああ南溟の　戦さ中
将帥の身を　先駆けて
雲間に散るや　兵のごと
ただ一将の　功なりて
万骨枯ると　誰か言う
（記憶のまま）

「南溟の」という表現も好きだったし、「ただ一将の功なりて　万骨枯る」という諺も好きだった。そして、私たちもそうありたいと痛切に思った。一組織の最高の地位にある人が、一兵卒と同じように敵弾に倒れる。その姿が、限りなく気高く思えたのでもあろうか。そして、この一句が、中国由来などとは知る由もなく、私の統帥観を決定づけたのであった。「組織の長たる者は、一兵卒の如くあれ」とでもいうような……。

「死」は、身近に迫っていた。何しろ、海軍の一番偉い人でも死ぬのだ。私たちだっていつ死ぬかわからない。しかし、「恐れ」も「悲壮感」もなかった。かといって、古えの防人のように、「大君の詔かしこみ」とかいう心境でもない。何か他人事のように思っていた。

そして、不思議なことに、「戦争に敗ける」なんて考えてもみなかった。私たちの言葉には、「敗戦」と言う語はなかったのであろう。「戦い」は歌の中にあったから、「死」もまた「歌詞」に他ならず、「紅に咲きて匂えり」であった。

ラジオから「海行かば」が流れ出す。「ああ、またどこかの島が玉砕か」と思ったけれど、悲壮感はなかった。「玉砕」とは「全滅」のこと。でも、玉と砕けると言い換えると、それは美しかった。

皇国を　死して護ると
兵《つわもの》ら　玉と砕けぬ
――サイパン殉国の歌――

こんな他愛もない子どもたちを引き連れて、空襲から逃げまどい、飢えさせぬように食料を探し求める親たちは、さぞかし大変であったろう。

しかし、改めて思う。歌の力の大きさを……。子どもであった私にとって、戦争は「歌」であった。バレンバン空港への落下傘部隊の襲撃は、「真白きバラの花模様」であり、降下した兵隊たちは、「眉《まなじり》高き兵《つわもの》のいづくか見ゆる　幼な顔」の者たちであった。飢えてボロボロの敵地行は、「荒れた山河を幾千里」という日の丸を掲げての進軍であったし、敵弾の飛び交う夜営の一夜は、「覚めてにらむは敵の空」であった。

戦時歌謡は巧みに作られていた。とりわけ、子どもに与えたその力たるや。語るに値するその力を、今、改めて記しておこうと思う。

## ⑿ 桜とアリラン

戦時歌謡は、子どもたちの戦争のイメージの形成に力を貸し、彼らを戦場に駈り立てた。男の子たちは、軍の学校や、少年航空兵に憧れ、幼い命を戦場に散らしていった。

少年たちを戦場に駆り立てた歌には、「桜」がよく使われていた。「同期の桜」とか、「花と散る」などと…。次の歌も、戦争末期によく歌われた。少年たちも肩を組み、眼を輝かせて……。そして少し年長の少年というより青年たちは、半ば諦めたように、あるいはやけになったかに思える大声を、四囲に響けと張り上げて……。

私たち女の子は、ただ、手をこまねいて眺めているだけだったけれど……。でも、歌わなかったにしては、よく覚えている。

『同期の桜』

貴様と俺とは　同期の桜
同じ兵学校の　庭に咲く
血肉分けたる　仲ではないが
なぜか気が合うて　別れられぬ

二番か三番に「咲いた花なら散るのは覚悟」とか、「離れ離れに散ろうとも　花の都の靖国神社　春の梢に咲いて会おう」とかいう歌詞が含まれていた。

この歌は、特攻に赴く人たちが、出陣前夜に好んで歌ったとされるが、真疑のほどは定かではない。しかし、私たち子どもは。「歌ったに相違ない」と思っていた。明日は確実に死ぬと定められた若者たちが、肩を寄せ合い、万感の想いをこの歌に託す。そんな光景を想像して、胸を熱くしたものだった。

こんな想いは、当時の若者たちに共有されていたらしく、召集令状を受けた若者たちの送別の宴では、集まってきた友人たちが好んで歌うのがこの歌だった。出征する仲間を中心に円陣を作り、夜の更けるまで歌声は響いた。「貴様と俺とは『同期の桜』と……。それを見聞きした少年たちが、兄たちに続こうと胸を熱くしたであろうことは、想像に難くない。

私的に過ぎるとの謗りを知りつつも、私的なエピソードを一つ記してみよう。私たち一家がある山村に疎開して、住居を見つける束の間、遠縁の旧家の一隅に身を寄せていたことがあった。普段は使うこともなく、雨戸を閉ざしたままの空き部屋を、三間ほど借りて暮らしていたのである。

その家の長男に召集令状がきた。土地の名家ゆえに昔からの家の子郎党が集まり、盛大な別れの宴が開かれることになった。その家の持ちものであったとかいう山林で、山番をしていた老人が、自身の猟した一羽の雉子を持って駆け付けてきた。そして、出征する若者の手を取り、「坊ちゃまが兵隊に行きなさるとか。爺が山を駆け巡って雉子を捕えてきました。この肉を食べて、元気に出征し、元気に帰ってきてください」と、「別れ」と「祝い」の言葉を、訥々と述べた。若者もまた老人の手を取り、このような言葉で「別れ」と「礼」を述べたのである。「爺、征ってくるからな。爺も元気で長生きをするんだよ。」そう言いつつ少し涙ぐんだ彼を見て、私はその姿を限りなく美しいと思い、同時に悲しいとも思って胸を熱くしたのだった。

宴は盛大だった。彼の中学の友人たちが多数集まり、彼らはなけなしの酒に頬を染めながら、円陣を組んで歌を歌った。彼らは、歌いに歌った。彼らは皆、いずれ自分たちも同じ運命をたどると知っていたのであろう。

そして、夜も更けた頃、誰が言い出したともなく、歌は朝鮮民謡の「アリラン」に代わっていた。

アリラン　アリラン　アラリヨ
アリラン峠を越えて行く
わたしを捨てて去く人は、
十里も行けずに足が痛む。

若者たちのその歌声は、夜更けの屋敷内に響き渡った。

何故、アリランなんだろう。どうして、今ここでアリランを歌うのだろう。しかし、大人たちは、誰もそれを咎めなかったし、中には、彼らに合わせてその歌を口ずさむ者さえあった。そして、私自身も、不思議なことにその歌を知っていて、小声で口ずさんだ。ということは、戦争末期に、この歌が巷に流行していたのでもあろうか。

一枚の召集令状で死地に赴くかねばならぬ若者の悲哀と、国を失って隷属を強いられた朝鮮民族の悲しみとが、どこかで共鳴し合い、響き合ったとでも言うのだろうか。アリランの歌声は夜の闇を切り裂き、あるいは夜の闇に吸い込まれなどしてやがて闇に溶け込んで消えていった。

# 第二章　子どもの戦争体験

## (1) 歌詞の力

改めて振り返るとき、私の戦争体験の多くが、殆ど戦時歌謡に負うものであることに気付かされる。そして、時折、顔をのぞかせるのが「小学唱歌」。「歌」というものの影響力に、改めて驚かされる次第である。思い出されるあれこれや、それらが私たちを軍国少年・軍国少女へと育て上げることに力を貸していることなどにも、改めて驚かさせられるのである。ここで一章を設けて、「歌」について考えてみようとするのは、この所以に他ならない。今まで思い起こされたことのあれこれ、私たちの子ども時代を彩っているあれこれが、殆んど、歌とともによみがってくるのだから。私たちは、歌以外に記憶の鍵を持たないと、いうかのようだ。

戦時歌謡の多くは、公募によるものであった。ということは、素人、すなわち一般民衆の作であるということになる。たとえば、大ブレークした歌の幾つかを挙げてみよう。たとえば、当時、「支那事変」と呼ばれていた「日中戦争」の初期に大流行して、ラジオからも流れ出し、巷でも歌われ、子どもであった私たちでさえ、声を張り上げたものの一つに『父よ　あなたは強かった』という歌がある。これは、朝日新聞の公募に応じた一主婦の作であった。第一作ではなかったが、またたく間に広がって人々の心に食い込んだのである。

父よ　あなたは強かった
兜も焦がす炎熱を
敵の屍と共に寝て
泥水すすり草を食み
荒れた山河を幾千里
よくこそ撃って下さった。

二節以下は「夫よ」「兄よ弟よ」と続くのだが、「クリークに三日も漬かっていたとやら」とか「十日も食べずにいたとやら」などと、戦場の惨状が歌われ、それらに耐え続けて戦う兵士たちに感謝の意が歌われていた。

戦場の様子など知る由もない一主婦が、こうした歌を綴るということは、「これが戦場だ」とばかり、新聞や映画を通じて情報が行き届いていたのであろう。そして、「父よ」「夫よ」と呼びかける歌詞の作劇術が功を奏してか、この歌は巷を席巻した。私たちも、声を揃えて、よく歌ったものである。

私たちは、これらの歌詞によって、中国大陸の戦場をイメージした。中国大陸は、寒暖の差の激しい所らしい。何故って、「骨まで凍る極寒の」とか「兜も焦がす炎熱の」とか、歌われているではないか。日本軍の食料は充分ではなく「泥水すすり」「草を食み」つつ、戦っているのだ。

それらに耐える日本兵のなんと雄々しいことだろう。当時の日本人としては、戦場に充分な食糧の補給もなく、苦しい戦いを強いられる日本兵を、健気で立派だと思った。補給絡みの事など考えもせず……。

この募集で、第一席に入ったのは、次のような歌であった。

雲湧き上がるこの朝《あした》
旭日の下敢然と
正義に起てり大日本
執れ膺懲の銃と剣

この歌と、先の「父よあなたは」とを較べるなら、第一席の歌詞がブレークしなかった理由が一目瞭然ではないだろうか。抽象的に戦いの正統さを歌ったこの作に比して、具体的に、戦場の苦労を歌った第二作の方が、民衆の心に叶ったのだった。そして、よく歌われた。

ラジオから流れ出すこの歌によって、私たちの戦争のイメージは作られた。

しかも、「父よ」「夫よ」と呼びかける時、この「言葉の技」にも心を縛られる思いだった。私自身も、軍人だった父を大陸戦線に送り出している。しかし、そうした個人的感情はどこかで飛んで、ただ「日本人全体の父」を讃えた。「あなたは　強かった」と……。

この歌とともに想い出すのは、街角にたたずむ「千人針」の女たちである。一枚の白布と、赤い糸を通した針を握って、通りすがりの女たちに「どうぞ一針」と声をかけるのである。

この人たちも。恐らくは知っていたのであろう。こんな白布一枚で、敵弾を防げる筈もないと……。しかし、「父」を「夫」を、戦場に送り出す女たちとしては、他にすべもなかったことだろう。

子どもであった私は、母に促されて、赤い糸を通した針を手にし、白布の上に赤い結び玉をこしらえた。この玉が、千個揃うまで、この営みは続くのだ。

私は、この時だけは「女の子であること」を誇らしく思った。そして、この女の人が送り出す「父」か「夫」か「子ども」のために武運長久を祈ったのだった。この女人の大切な人たちは、中国戦線で、「泥水をすすったり」「クリークに漬かったり」するのであろうと、痛々しく感じながら……。それでいて、この女人を羨ましいとも思った。「戦士の家族」として、今、必死に涙をこらえて、「千人針」の一針に思いを込めているのだろうと……。

当時の小学生には、戦死者の遺骨の出迎えが課されていた。小学生の戦争参加である。白木の箱を抱えた喪服姿の妻らしい人と、無邪気に後をついてくる黒服の子ども。痛ましくも神々しい光景だと思った。そして「お母さんも、遺族にしてあげるからね」と言ったとかいう小学生が話題になったが、当時の小学生としては、そんな心境でもあったのだ。だから、心をこめて歌った。「父よ、あなたは強かった」と……。

## (2) 選民思想と日本神国論

日独伊三国同盟が締結されてから、ドイツとイタリアは、子どもにとって俄かに「いい国」になった。ドイツがユダヤ人を迫害していることに関しては、ユダヤ人が悪いのだと教えられた。学校の授業で、ユダヤ人の選民思想について教えられると、ユダヤ人は、俄かに「悪い人」になった。彼らは、自分たちだけは神から選ばれた民族であり、他は神に背いた許されざる民の子孫であるとして、他を排斥するのだという。こうした「選民思想」のゆえに、ユダヤ人は、多民族と融和し得ないのである。ドイツ人がユダヤ人を排斥するのは、こうした「選民思想」と「他民族の蔑視」によるものだという。

「なるほど」と、私は一応は納得した。しかし、日本人も自分たちは天照大神の末裔であり、世界で一つの「神の国」であると誇っているではないか。もしかしたら、私たちも「選民思想」の持ち主ではないのか。とすれば、ユダヤ人とどこが違うというのだろう。私の頭の中を、チラと、こんな疑問がかすめた。しかし、この問題を、私は、問いただすことも、確かめることもしなかった。「迷わずに従う」という行動パターンを、私は、身体の奥深くに埋め込まれていたからである。「日本は違う」「日本は特別な国なのだし、日本人は特別な人種なのだ」と改めて思った。ユダヤ人などと、同じ筈はない。

弟が入学したのは、小学校ではなく、「国民学校」だった。彼の「唱歌《うたのほん》」の教科書の第一頁には、次のような歌が掲げられていた。

日本よい国　清い国
世界で一つの　神の国

国民学校の生徒である彼らは、声を揃えて歌っていた。「世界で一つのカミノクニ」と……。

## (3) 戦時歌謡の巧みさ

先にも述べたが、オランダ領スマトラの「バレンバン空港」に降下した落下傘部隊を、「空の神兵」と讃えたのは、戦時歌謡であった。とりわけ、「まなじり高き兵《つわもの》」のどこかに潜む童顔、「いづくか見ゆる幼な顔」などいう歌詞によって、判官びいきという日本的心性に訴えるなど、極めて巧みに作られていた。

戦時歌謡は、時として、人間の生き方にまで介入してくる。例を挙げよう。敗色の濃くなった戦争末期、ラジオからはしばしば『海行かば』が流れた。戦勝を告げるニュースは、『軍艦マーチ』をイントロにしていたから、『海行かば』を耳にすると、「ああ、また玉砕か」と思ったものだ。大本営報道部は、『全滅』のことを「玉砕」と言い換えていたが、玉砕に次ぐ玉砕の報道は、いかんせん、余り嬉しいものではなかった。

そんな中で、私の心を深く捉えた歌があった。それは、『サイパン殉国の歌』である。

私が特に好きだったのは、第二部の歌詞である。「そうだ、これが女人の戦いなのだ」と深く深く思ったのである。

哭《な》け　怒れ　奮えよ　撃てよ
夕映えの茜の雲や
血にむせぶサイパンの島
皇国《すめぐに》を死して護ると
兵《つわもの》ら玉と砕けりぬ

哭け　怒れ　讃えよ　褒めよ
武器執りて起《た》ち得る者は
武器執りて皆戦えり
後《うしろ》には大和撫子
紅に咲きて匂いぬ

大和撫子とは、日本女性のこと、間違ってもアメリカ軍の捕虜にはなるまいと、潔く、美しく、散って逝ったのは、女性の「戦陣訓」にほかならない。女性だから、兵士として戦う男たちとは異なり、捕虜となっても道に外れることはないなどという理屈は、大和撫子には当てはまらないのである。

女の子としての戦争の参加に、戸惑っていた私は、この歌で何やらスッキリしたように思う。「紅に咲けばよい」のだと、一人で納得したのだから……。

自分たちの身体に「死」が迫っていることには、気づいていた。連日の空襲と、米軍の本土上陸もそう遠くないと感じてもいた。しかし、何故か「日本は敗けることはない」と信じていたのは、こうした歌詞の影響もあったのではないかと思う。戦争を歌う歌のことは美しく、決して惨めではなかった。何しろ「紅に咲きて匂えりなのだ。

「海行かば」に続く「玉砕」のニュースが多くなり、本土決戦に備えて女たちも竹槍訓練などをやらされるようになると、ライフルや機関銃で装備した米兵に、竹槍で向かっていくことの不毛さに気付かないわけではなかったが、そのことに格別の疑いも持たなかった。とにかく、「生きて虜囚の辱めを受けず」という「戦陣訓」まがいの教えを、心酔したわけでもないのに、何故か心に深く刻んでいた。捕虜になったりするよりは、「紅に咲こう」とでも思っていたらしい。

死ぬことは、当然の帰結だった。だから、格別に怖いとも思わなかった。悲壮感というのでもなく、ただ、淡々と当たり前のように、「死」を思っていた。皆死ぬんだ、男は戦って、女は大和撫子として……。

ところで、この歌詞には次のような後日談が続く。米軍は、サイパン攻略の一部始終を映像記録に残して保存していたのである。大学生であった私は、何の会合かでそれを見る機会を与えられたのである。８㎜か16㎜の映写であったろう。ビデオのない時代であった。

先ず米兵が「バンザイクリフ」とか「シューサイドクリフ」とか名付けた断崖が映し出される。そして、その上の草むらが揺れ、一人の女人が現れる。ボロボロになった衣服をまとい髪を振り乱したその人は、叫ぶでもなく、格別の死の作法をするのでもなく、何も叫ばず、何も言わず、ごくごく無雑作に崖から飛び降り、絶壁に沿ってゆっくりと落下し、やがて海に沈んでいった。米軍のカメラは、その女人の自決風景を丁寧に追いかけ、彼女が崖下の波に飲まれるまでを映像に残していた。

落ちていく女人の体は、さながら一箇の物体のようで、投げやりと思えるほどに何気なく呆気ない落下であった。「大和撫子」が「紅に咲きて匂う」とは、こんなにも無機的で、物体のような女体の落下のことだったとは……。

私は呆気にとられつつ、歌の言葉の妖しさと恐ろしさを思った。現実を糊塗する力に、何と優れていることだろう。漢語まじりの、文語体の、歌詞の持つ力に、私は呆然としたのである。

### (4) 替え歌のこと

紀元二六〇〇年を祝う国民歌謡はよく歌われた。厳かな奉祝歌は学校で教えられて、辛うじて覚える程度だったが、威勢の良い国民歌謡は、よく歌われていたし、子どもの「遊び歌」にまでなっていた。

それに、この歌は、替え歌を作るにもちょうどよかった。歌の冒頭に出てくる「金鵄」や、二行目に出てくる「光」が、どちらも庶民的煙草の代表だったからである。

金鵄上って十五銭
栄えある光三十銭
今こそ来たぜこの値上げ

紀元は二千六百年
ああ　一億の民は泣く

よくできたものだ。同じ喫煙家でも、少々の余裕がある人は『バット』とか『チェリー』など愛煙していた。お使いに行かされて、「『ゴールデンバット』ありますか」などと、一寸気取って聞いた記憶がある。京都大学の教官だったとかいう従兄弟のための買い物だったように思う。一緒に行ったもう一人の従兄弟が、「そんなに気取らなくても」と呟いたことを覚えている。だから、『金鵄』や『光』の値上げは、庶民泣かせだったのだろう。

この替え歌の作者は、子どもたちだったのだろうか。それにしては、中々によく出来ていた。それに、子どもたちが、大声で歌っていた事は確かである。私も、外では一緒に歌った。家で歌うと、母が嫌な顔をし、「そんな歌を歌うものではない」とたしなめられた。

同じ時期に流行した『愛国行進曲』、すなわち「見よ東海の空明けて」が、「見よ父ちゃんのはげ頭」となっている替え歌もあった。ただし、私は、この歌は、元の歌は全部歌えるが、替え歌はこの冒頭の一行しか覚えていない。多分、余り歌わなかったのだろう。

しかし、にもかかわらず、歌詞の元歌は殆ど思い出せないのに、替え歌の方だけは完全に覚えているのもある。例えば『月月火水木金金』である。元歌は、海軍の訓練の厳しさを歌ったものであった。ワシントン条約で、英米の艦船保有率「五」に対して、日本は「三」と定められて以来、少ない艦船で敵と戦うために、海軍の猛特訓が始まったのである。

私は、元歌は、最後の二行しか覚えていないが、替え歌は全部思い出すことができる。

元歌の最後の二行

「海の男の艦隊勤務
月　月　火　水木　金金」

そして替え歌は左のようである

朝だ四時半だ
べんとう下げて
家を出てゆく　親爺の姿
靴はボロボロ　ズボンは穴だらけ
家の父さん　工場へ動員
一日五銭の安月給

級友のYの作り話が、この歌に続いて皆を楽しませた。Yの家は、鉄工所を営んでいた。小なりといえども軍需産業の一翼をになっていたから景気もよく、一家の主が工場に動員されることもなかった。従って、私たちは、そのことがよく解っていたから、彼女のホラ話を楽しんでいたのだろう。

「今日は、あなたのお父さんどうだったっー」などと、皆して、話の続きをせがんだりもした。話の末尾は、常に「稼ぎが悪い」とばかり、その父親は、家で待ち構えていた母親に切諌されるという形だった。時には、縛られて物置に放り込まれたり、家じゅうの大掃除をさせられたり……。話し手のYは、声をひそめて、「お父さん、可哀想だよね。親孝行しなきゃね」と結び、彼女を取り囲んだ級友の輪が散って行くのが常だった。テレビのない時代の、子どもたちの娯楽のひとつであろう。

当時の父親は、一家の主権者で絶対専制君主であり、妻も子どもたちも絶対服従だったから、彼女のホラ話が、とりわけ魅力的だったのかも知れない。

私の父は、無口で物静かな人で、荒い声を出して周囲の物に命令したり、叱責することなど殆どしない人だった。私も、父に叱られた記憶はない。しかし、一度だけ、父が母を叱っている姿を見たことがある。

正月の年始客に出す、料理や酒のことだった。将校と下士官・兵たちのそれに、差があるということだったらしい。

「軍隊の中では階級があるが、外ではみな平等である。肩章の星の数で、料理や酒に差をつけてはいけない」と父は叱った。母は黙って頭を下げていたが、後で、私たちにソッとつぶやいた。

「別に差をつけたわけじゃなくて、今年はお年始客が多かったから、お料理が足りなくなっちゃったのよ」

と……。

そんな時代だったから、Ｙの家で、母親が父親を縛ったり、命令したりするとかいうホラ話が、たまらなく痛快で面白かったのだろう。そのおかげで、替え歌までしっかり覚えこんでしまった。そして、Ｙに向かって、「今日もお宅のお父さんは、五銭持って帰っていらしたの」などと問いかけて「大笑いし合った」のだった。

他にもよく覚えている歌がある。題名は知らず、何の替え歌かも知らず、よく歌っていた。

昨日生まれた豚の仔は
蜂に刺されて名誉の戦死
ブタの遺骨はいつ帰る
四月八日の金曜日
皆皿もって　お出迎え

メロディーは、『湖畔の湖』という映画の主題歌だったということを、後に知った。誰かに連れられて、映画館に入ったら、画面では美しい女優が、「山の淋しい湖に――」とか歌を歌っていた。「ああ、このメロディー知ってる」と考えたら、例の「豚肉の歌」だった。

食糧事情の日ごとに悪くなるその頃、豚肉の配給は貴重だった。お皿を持って並んでいたら豚肉が貰える。こう想像するだけで何やら嬉しかったんだろう。

「蒋介石のおなら」と言うのもよく歌って遊んだ。メロディーは「証城寺の狸囃子」で、「ショ　ショ　蒋介石」と始まるのである。

ショショ蒋介石
蒋介石のおなら
セッ　セッ　世界で
一番　くさい

その後は幾通りかあったらしいが、私たちは、毬つき歌として歌っていたから、次のように歌った。

オイラは　臭い
サッサと逃げる　ポン

そこで、毬を次の人に渡すのである。何故かこんな歌をよく歌って、遊び歌にまでしたのだろう。
中国との戦いで日本軍が勝つのに、戦争が集結しないのは、蒋介石がしつこく抵抗するからだと教えられ、蒋介石という中国の指導者は、「ズルくて悪い人」だと思い込んでいたのでもあろうか。
それにしても、「オナラ」を題材とするのは……。どこやらの大人が作って、子どもたちに歌わせたのでもあろうか。私たちは、ただ、大声で歌い毬をついて遊んでいただけだったけれども……。

## (5) 拡散者としての子ども

子どもの遊びを目前にする時、肩肘張って怒鳴りつける大人は、そう多くはない。虫の居所が悪いとか、余程うるさくはない限り、大方はニコニコと、それを身守ることが常態だろう。ことほど左様に、遊ぶ子どもの姿は、見る人を和ませるものである。

しかし、それでいて、子どもの遊びは、したたかな影響力を持つように思う。私たちは、何故、そのことを、いつ、どこで、覚えたのか解らぬながらも、しっかりと身についてしまっている「遊び」や「歌」など気付かされることがあろう。

「どこでこんな歌を覚えたのだろう」「いつ、こんな遊びを」をと惑うとき、それが親からの伝えでも、ましてや学校でのあれこれでもないことに気づかされて愕然とすることがある。そして、そのあれこれが、子どもたち仲間の何気ない遊びや言動からの伝わりであることに驚かされることも多い。

こんな歌や物語を、学校で教える筈もないし、母からの伝授とも考えにくい。とすれば、近所の子どもたちとの遊び、それも実際にその遊びを遊んだか否かには関係なく、誰かが遊んでいたのを、なんとなく覚えていたという程度のことでもあろうか。

あるいは、私自身は成長してしまって、そんな歌や遊びに現《うつつ》を抜かしたわけではないが、弟や妹、あるいは、近隣の小さな子どもたちの言動を、「かわいい」と眺めた記憶に由来するものでもあろうか。

何故か知っている。いつ覚えたこともなく覚えている。そんなあれこれは、「それを遊んでいたことも」に由来するものが少なくない。

誰に、どこで、教えられたのかは定かではないものの、現在もよく覚えていて、歌うことも遊ぶこともできるものの、幾つかを、次に掲げてみたい。当時、恐らく当局の意思もあってか、巷に広く流行したものは、とりあえず、別枠とする。

『毬つき歌』

一番はじめは一の宮
二番は日光の東照宮
三番さぬきの金平さん
（以下不明）

これは、子どもたちが一列になって、遊ぶもののようであった。一番先頭の子どもが、「一の宮」の所で脚を上げて毬をくぐらせ、次の人に渡す。二番目に控えていた子どもが、「二番はこの宮東照宮」と、脚を上げて同じ動作をくり返す。そして、列の最後まで歌いつつ同じ動作をくり返して、最後は「廻れ右」をして逆に毬を渡していくのである。私は、子どもが群れて遊ぶのが苦手であったらしい。また、たまたま遊ぶときは、二番目か三番目に並んでいたらしく、後が想い出せないのはその所以であるようだ。

『お手玉歌』もあった
一番目のイー助さん
一の字がお嫌いで（お好きで？）
一番　一生　一所懸命
一ショ　一ショ　一ショかい？
二番目に渡した

これも、皆で遊ぶものだったらしく、以下、「二番目のニー助さん」と続いてたらしいがよく覚えていない。私は、仲間と遊ぶのが苦手だったから、余り遊んだ記憶がない。ただ、母やお手伝いさんに、端布でお手玉を作ってもらうのは嬉しく、傍に座って真剣に作る人の「手の動き」に見入っていたような気がする。そして、「イー助さん」とは、どんな人なのだろうと思っていたような気がする。なんとなく、それは「男の人」だと思っていた。何しろ「イー助《すけ》」なのだから……。
学校の休みの時間に、一人遊びをする時の歌は、何故か、「オーサラー」がついた。

『お手玉歌』
オーサラ

お一つおろしてオーサラー
お二つおろしてオーサラー
……
おーんばやー　きりしてオーサラー

歌のはじめや終わりに、必ずのように「オーサラー」ついたが、何の意味かはよくわからず、私は「お皿」かなと思っていた。大きなお皿の上に、「一つ」また「一つ」とお手玉が積み重ねられていく。真白なお皿の上の色とりどりのお手玉。私は、もっともっと沢山のお手玉がほしくて、母や手伝いさんに、「もっと　もっと」とせがんだものだ。お皿からこぼれ落ちるほどに、沢山のお手玉が欲しい、と……。

しかし、いまだに、「オーサラー」が「お皿」なのか、「おさらい」なのかは、判然としない。よく解らないところが、子どもの遊びの「妙」と言うべきかも知れないのだが……。

遊んでいる子ども自身は、自分の遊びが何かを意味しているなどとは知る由もなく、また、つきつめて知ろうともせず、ただ面白さに駆られて、あるいは約束事の通りに、ただ、ひたすら、遊びに遊ぶ。しかし、その姿を、たまたま見かけた人々の記憶の底に、しっかりと貯えられ、ふとしたはずみに思い出される。「これは、どこで、いつ見た光景なのだろうか」「この姿のあれこれは、いつ、記憶の底にしのびこんだのだろうか。」

答えは得られないままに、ただその言動を懐かしいと見て、再び、記憶の底に焼き付ける。しかし、彼らはこの時、気付いているだろうか、自分たちが「子ども遊び」を「拡散し続けて」いることに。そして、その源は、何も知らず、何に気付くこともなく、ただ面白く遊んでいるだけで、昔ながらの身振りや歌などを「拡散している自分たちの役割」を。

自覚することなく、重責を感じることもなく、伝承し、拡散している「自分たちについて」。さらに言うなら、自分たちに手渡された「古くからの遊びに」ついてである。

そして、同時に、それらの遊びを戦時歌謡との余りにもよくヒットし得ることに、驚かされることしきりであろう。何しろ、「一匁のイー助さん」にまして、「金鵄輝く日本の」とか、「お一つおろしてオーサラー」より以上に、「勝ってくるぞと勇ましく」の方がよりフィットすることに、驚くのである。

何一つ傷つきもせず、自覚することもなく、ただ面白さに駆られて遊ぶ子どもたちの姿に、気づかされることの多さに、今さらながら驚かされるのである。

## (6)　子どもたちの戦時歌謡

私たちの級が、全員で行進などする時は、必ずこの歌を歌った。『兵隊さんよ　ありがとう』という歌である。

肩をならべて兄さんと
今日も学校へ行けるのは
兵隊さんのおかげです
お国のために

お国のために戦った
兵隊さんのおかげです
兵隊さんよありがとう
兵隊さんよありがとう

この歌は当初から子どもが歌うように作られていた。歌詞も単刀直入で解りやすかったし、メロディーも単純で歌いやすかった。私たちは、大声を張り上げて「兵隊さんよ　ありがとう」と歌い、手を振り足を上げて行進した。

しかし、隣の男子組は、担任の趣味でもあったであろうか。もっと大人の、もっと軍国主義的な、軍隊調の歌を歌いながら行進した。後で知ったのだが、それは、『歩兵の歌』。

万朶の桜か襟の色
花は吉野にあらし吹く
大和男子と生まれなば
散兵線の花と散れ

この歌も、行進にふさわしいメロディーであった。とりわけ足を高く上げて行進するのに、最もふさわしいように思えた。従って、この歌を歌いながら足並み揃えて行進する男児たちを、少々羨ましく思いながら眺めたものだ。「肩を並べて兄さんと」よりは、遥かに男らしく、勇ましいと感じながら……。「兵隊さんよありがとう」も悪くはないが、子どもっぽすぎて、勇ましくないなと少々恥ずかしく思ったりした。

長じて後、この歌の歌詞をつくづくと眺めて、「ああ、こういう歌だったのか」と、今更ながら感心した。戦いの最後は歩兵が決めるということなのか、「万朶の桜」とは桜が群れ咲くことで、「襟の色」とは、軍服の襟に付けられた赤い色のことらしいなどと、漸く理解したのだった。

帝国陸軍の中にも、様々な兵種がある。「歩兵」「砲兵」「騎兵」などと、だから、何節目かに「騎兵、砲兵、協同せよ」とかいう歌詞があるんだと納得もした。

「サンペイセン(散兵線)」というのは何か解らなかったが、兵隊たちが散らばって戦うことらしいと思って、「大変だなあ」と、それを戦う歩兵の兵隊たちに同情した。そして、私の父は「砲兵」で良かったんだと思ったりした。

戦時下の子どもたちは、次々と送り出される戦時歌謡と、「日本の正義」を主張する学校教育に囲まれて毎日を過ごした。それらを通じて、子どもたちは「国のため」「天皇陛下の御ため」に、身命を捧げて悔いなしとする「価値観」を植えつけられていった。加えて、戦いを美しいと讃え、死もまた同様とする「美意識」をも培われていったのである。

大人たちは、それに加えて、子どもたちのためにこれらの価値観と美意識を強化すべく、特別の装置を工夫さえした。それが、「戦時歌謡」ならぬ、「戦時童謡」の製作と放送である。戦時体制は、子どもたちの放課後の時間を戦時一色で染め抜こうと企てたのであった。

戦争末期に、ラジオから流れ、子どもたちもよく歌った歌に、「勝ち抜く僕ら少国民」というのがあった。子どもたちは、当時、「少国民」と呼ばれていたのである。

勝ち抜く僕ら少国民
天皇陛下の御為に
死ねと教えた父母の
赤い血潮を受け継いで
心に決死の白襷
かけて勇んで突撃だ

この歌が子どもたちに歌われていた頃、私は女学生だったから、声を揃えて歌った記憶は殆どない。弟妹やその友人達が歌っていたのを想い出すだけである。時には、女の子達たちが、毬つきをしながら歌っていたこともあった。「勝ち抜く僕ら少国民」「ポン」という次第である。しかし、私には、父母がわが子に「死ね」と教えているという件が、一寸不思議に思えて心に引っかかっていた。

私の母も、当時の「軍国の母」よろしく、「天皇陛下の御ため」ということはよく口にしていた。「お国のために、命を捧げるのは尊いことですよ」、とよく教えられた。

しかし、この戦争で子どもたちを死なせてはならじと、必死になって「空襲のない所」を探した。二回も三回も疎開をやり直したのは、あの大戦中でも珍しいのかも知れない。

また、子どもを「栄養失調で失ってはならない」とばかり、伝手を頼っては食料を手に入れ、私たちに食べさせることに熱心だった。だから、私たちは、とにもかくにもあの大戦下を生き延びて、兄弟姉妹の一人も失うことはなかったのだ。

私の母は言うだろうか、「天皇陛下のために死ね」と……。言いそうであるが、すぐに後悔して取り消すのではないか。「死ぬのは大人になってからでもよい」と……。私には、毅然として「死ね」と教える父母に、いささかならぬ違和感があった。

私の子ども時代は、これほど悲壮ではない歌が子どもたちに贈られていた。

僕は軍人　大好きよ
今に大きくなったなら
勲章つけて剣さげて
お馬にのって　ハイドウドウ

こんな歌を、幼稚園では歌っていたように思う。また、太平洋戦争の開始以降、こんな歌も流行った。

仰ぎ眺めるこの空は
世界の空へ続いてる
小手を翳して見る海も
世界の海へ続いてる
行こう　行こうぞ　きっと行くぞ
僕は空へ　君は海へ

何節目かに、こんな歌詞もあった。

僕が大空翔けるとき
君は海から手を振れよ

少年飛行兵など、少年たちの軍隊入りの年齢が引き下げられた。男の子たちの行く手に待つのは、少年飛行兵か、戦艦乗りか。私たち女の子は、ただ指をくわえて、興奮気味に話す男の子たちを眺めているだけだった。
私たち女の子にとっては、次々と送り出される「戦時歌謡」も「戦時童謡」も、いずれも言葉とメロディーの技であった。そして、「尽忠報国」も「撃ちてし止まむ」も、単なる言葉だけの巧みに思えて、切実ではなかった。

担任の教師に「撃ちてし止まむ」の意味を問われて、私は少々困惑しながら「勝つまでは止めない」と答えると、教師は首をかしげて、「それでは弱いなあ」と呟いた。私も、そう思いつつ、「でも、何を言えばいいのかしら」と一人言をしたことを、今もハッキリと思い出すことができる。

女の子にとっては、分列行進や薙刀の訓練が「形だけのもの」であったのと同じに、「撃ちてし止まむ」というスローガンも、戦意昂揚の戦時童謡も、いずれも、言葉の上のことだったのかも知れない。ならば、どうする？どうしようもないではないか。

戦争末期、アメリカ軍の空襲が本格化すると、子どもたちを戦火から守るべく、「学童疎開」が提唱されるようになった。その頃、ラジオから流れてきたのが、次の歌だった。

太郎は　父の故郷《ふるさと》へ
花子は　母の故郷へ
里で聞いたは何の声
浦の松風　波の音
清く正しく　生い立てと
遠く離れた父母の声

「学童疎開」とは、子どもが父母から引き離され、見知らぬ土地で空襲を避けて暮らすこと。都会に残った父母とは、滅多に会うことも叶わない。それどころか、都会の空襲で父母に万一のことがあるとしたら、子どもは、二度と父母に会えないかも知れないのだ。「学童疎開」とは、子どもを守るかに見えて、子どもにとっては、この上なく悲惨な政策ではないか。

私ども一家は、早くから一家揃って縁故疎開をしていたから、弟妹も含めて、誰も「学童疎開」の悲劇を味わうこともなかった。しかし、ラジオから流れ出すこの歌を聴くたびに、父母と離れて「学童疎開」する子どもたちの運命を思った。無理やりに父母から離され、住み慣れたわが家を離れて、遠くへ旅立っていく子どもたちを、哀れと思いつつ……。

「太郎」と「花子」は、日本の代表的な男女の名前だった。とりわけ、子どもの代表的な名前。「桃太郎」とか「金太郎」とかその例である。

ところで、太郎と花子を歌った歌は、他にもあった。ただし、これが子ども向けに作られたものか否かは判然としない。ただ、学芸会のステージ上で教師グループが歌ったことをはっきりと覚えている。そして、担任の教師が、一人で練習していたことなども……。

太郎よおまえはよい子ども
丈夫で大きく強くなれ
おまえが大きくなる頃は
日本も大きくなっている

おまえは　私をこえて行け

私たちは、日本が「正義である」と信じ、また「必ず勝つ」と思っていたから、「日本も大きくなっている」と声を張り上げた。ただ、二番の「花子よお前はよい子ども」の方は、何故か余りよく覚えていない。「お前がお嫁に行く頃は」の後に続くのは、どんな歌詞だったんだろうか。まさか、「日本もお嫁に行っている」であろう筈もないのだけれど……。

私たちは「子どもよ　大人を越えて行け」の意味が解らなかった。子ども同士で言い合っている時、一人が自分の手首に指を廻しながら、「肥えて行け、じゃない？」と言った。ところが、何故か皆が納得してしまった。食糧の乏しくなり始めた頃だったから、子どもにだけは食べさせようとする親心の歌とでも解したのであろうか。皆で安心して、言い合いを止めたことだけ覚えている。

戦争が終わった焼け跡の街に、明るく流れたのが「お山の杉の子」だった。この歌は、「りんごの歌」や「青い山脈」よりも、早い時期に街々を童謡歌手の高音で賑わしたのではなかったか。何故なら、この歌は、戦時中に作られ、子ども向けの「戦時歌謡」として広められようとしていたのだった。

しかし、戦争は、「敗戦」という形で終わった。「お山の杉の子」は、歌詞の一部を削除されて、街々を流れた。この削除が、作詞者が望んだことだったのか、占領軍の指示だったのか、あるいは、占領軍の意図をおもんばかった日本の指導陣のなせる業だったのだろうか。

しかし、ほんの数行の削除で、戦後の日本に通用したということは、子ども向けの「戦時歌謡」なるものの性格を浮き彫りにしてもいる。子ども向けの軍歌といい、軍国教育というも、その程度のものだったということではないだろうか。

昔々の　その昔
椎の木林の　すぐそばに
小さなお山が　あったとさ
　　　　　　あったとさ

その山は、「丸々坊主のはげ山」だった。そこでお日様が声をかける。「これこれ　杉の子　起きなさい」と……。お日さまの呼びかけで芽を出した杉の子は、周囲の椎の木から散々馬鹿にされる。「こんなちび助何になる」というわけで、「アッハハのアッハハ」と大笑いされてしまうのだ。

笑い者にされた杉の子は奮起する。「何を負けるか　今に見ろ」というわけである。そして、戦時中の歌詞は大きくなった杉の子は、「兵隊さんを運ぶ船」や「傷痍の勇士の寝るお家」などになって、お国に尽くすのである。

しかし、戦後はその部分は削除され、「お船の帆柱　梯子段」「本箱　お机　下駄　足駄」などと改変され、戦後の街々をかけめぐった。

この歌は昭和十九年の作。私にとっては防空壕の中の歌である。防空頭巾をかぶって震えている妹が哀れで、精一杯声を張り上げ歌ってやったのだ、「これこれ杉の子　起きなさい」と……。「大きな杉は何になる」と…。

私自身もまだ「子ども」の域を出なかったが、私より幼い人たちが空襲の犠牲になるとすれば、余りにも哀れだった。せめてお山の杉の子のように、「大きくなって何かができるまで生かしておいてやりたい」とは、幼い姉である私の切ない願いであったらしい。

「お山の杉の子」は、私にとって、防空壕の思い出と、焼け跡の街々を流れた明るい歌声とで、戦中と戦後をつなぐ歌のかけ橋であった。

## (7) 戦時歌謡と遊び歌

子どもであった私にとって、「戦争」は、歌として訪れた。それも、「勝ちいくさ」としての「戦争」。何しろ、「戦争」は、「勝ってくるぞと勇ましく」と歌い、またある時は、「よくこそ勝って下さった」と歌ったのだった。だから、子どもたちは、次々と送り出される戦時歌謡を次々と覚え、それを歌って遊んだ。「毬つき歌」として、あるいは、「お手玉歌」として……。

「見よ　東海の空明けて」とかいう歌は、「毬つき」に丁度よかったし、「轟く銃音　飛びくる弾丸」とかいう歌は、「戦争ごっこ」にふさわしかった。

この時局下に量産された歌は、何故こうも調子よく、子どもたちを楽しませたのだろうか。これらは、軍歌として作られていたから、とりあえずは、軍歌の作曲について考えてみることにしよう。

## 軍楽隊と軍歌の作られ方

黒船が久里浜に来航した一八五三年（嘉永六）に、日本人は初めて西洋の軍隊が行進する様子を見て驚愕した。米兵たちが、「ヤンキー・ドゥードゥル」の曲に合わせて、歩調を揃え足並みを揃えて行進する様子に、目を見張ったのである。

その時の米兵の一行は、二百数十名。それだけの多人数が、まるで「一人の人間のように」、行進したのであった。

ヨーロッパ諸国の軍楽隊の歴史は、古代ローマに遡ると言われている。古代まで歴史をたどるまでもなく、十六〜十七世紀に形を整えた事は確かなようだ。そして、この時期に、ヨーロッパ諸国は、トルコ軍の軍楽隊の影響を大いに蒙っているのである。

この時期、ヨーロッパを制圧したオスマン帝国は、彼らの前にトルコの楽器の音を誇示してみせた。ヨーロッパ諸国は、その異国趣味の前にひれ伏し、軍隊も軍楽隊の編成に力を尽くした。その近代型が、黒船の軍楽隊と、それに合わせた二百数十名の行進だったわけである。

わが国の軍歌の事始は、東征軍と幕軍との戦いに、薩長を中心とする東征軍が歌った「宮さん宮さんお馬の前に」に始まる「流行トンヤレ節」だと言われている。これは、江戸の民衆の間に広く歌われていた流行歌を用いて、官軍と新政府の意図を鮮明に打ち出した歌詞をつけたものだったと言われている。

幕末の日本武士団には、大人数が歩調を揃えて行進すると言う兵法はなかった。つまり、「行軍」というやり方は、皆無だったということだ。そこで、まず必要とされたのは、「歩く訓練」であった。体格も異なり、歩調も歩幅も異なる大勢の人間が足並み揃えて整然と行進する。そのために、まず行われたのは、「洋式歩行」の訓練だったという。

当時の武士たちは、右手と右足を一緒に前に出して、摺足で歩く。しかし、外国船の訪れによって西洋式のよく訓練された軍隊を目前にした幕府は、藩士たちに「西洋歩行」の訓練を必須としたのであろう。そして、そのためには、これも新しく導入されたオランダ式ドラムが活用され、楽譜の出版も行われるようになった。やがて、ドラムに代わってラッパが使用されるようになるが、フランス軍はすでにラッパを使用していたこともあり、ラッパは幕府が招聘したフランス軍事顧問団によって紹介・伝授されることになる。この頃から、鼓笛隊にラッパ手の存在が貴重になる。私たち国民学校生の修身の教科書に、「死んでもラッパを離さなかった」と言う「キグチコヘイ」のエピソードが掲載されていたのも、こうした経緯を物語るものと言えよう。

「ミヤサン　ミヤサン」の歌の第二節は、次のような歌詞が置かれている

一天萬乗の帝王に
手向ひする奴を
トコトンヤレ　トンヤレナ
覗ひ外さず
どんどん撃ち出す薩長土
トコトンヤレ　トンヤレナ

（第二節）

わが国最初の軍歌と言われるこの歌が、単に足並み揃えて歩くための楽曲ではなく、新しい支配者、つまり幕府の将軍ではなく「一天萬乗の帝王」であるということを示している所に、効用音楽の二重三重の意味が込められている。すなわち、単に歩調を揃えるのに都合がよいばかりではなく、新しい時代の訪れを庶民に告げ知らせる意味も込められていたのである。

現在はフランス国家として歌われている「ラ・マルセイエーズ」誕生の経緯について、吉田進の紹介によれば、この歌が生まれたきっかけは、ストラスブール市長宅で開かれた愛国的な夜会での市長とライン軍元帥が交わした会話であったと言う。両者は兵士たちの意識を戦闘に向けるため新しい歌の必要性を講じ、それを一人の工兵大尉に依頼した。新しい歌とは「兵士たちを戦闘に仕向ける」と同時に、フランス革命の理想、すなわち「自由・平等・博愛」に向けて、多くの人をふるい立たせる内容と方向性を持った歌である必要があった。そして、依頼された大尉は歌詞と有名なメロディによって、両者の願いに応えたのであった。

わが国の場合、この「宮さん宮さん」の歌も、期せずして同じ願いに応えようとしていた。「トコトンヤレ　トンヤレナ」という庶民的な調子で、衆の足並みを揃えさせることを試みつつ、各藩の藩主や各家の君主ではなく「一天萬乗の帝王」を仰ぐことにより新しい時代を、衆に知らしめるべくこの歌は作られたのである。

## (8) 戦時歌謡と私

私は、何故、こんなにも多くの戦時歌謡を覚えているのだろうか。

それは、恐らく、メロディーに負うのではないか。皆で歌うのに都合がよく、「遊び歌」になりやすい。それに、声を揃えて歌っていると、私たち子どもも、子どもなりに戦争に参加し、愛国心を表明しているように思えたようだ。戦時下に、「お国のために死ぬことを許されない」女の子たちの「欺き歌」だったのかも知れない。子どもたちは、戦時歌謡を愛した。何しろ、「菜の花畠に入り日薄れ」などと優雅に唱うよりも、「勝ってくるぞと勇ましく」と歌う方が、時代に即しているらしいと思えたのだから。

この戦争で、私たちは間違いなく死ぬだろうと思っていた。けれども、「日本は敗けない」とも思っていた。何故なら、日本は他の国々とはちがい、「神国」なのだから。それに、この戦争は、「欧米列強から、特にイギリスやアメリカから、亜細亜を救う聖なる戦いなのだから」とも思っていた。今、イスラム圏の「ジハード（聖戦）」という言葉を聞くと、私たちの子ども時代を思い出す。私たちも、凡そ全員が、「この戦争は聖戦」だと思い込んでいたのだから。そして、その信念は、授業で教わったというよりも、巷を流れる戦時歌謡によって培われたように思えている。

何しろ、「今ぞ世紀の朝ぼらけ」なのだ、「豊栄《とよさか》のぼる旭日の、四海に燦と輝けば、興亜の使命双肩に、担ひてたてり、民五億」なのだから。

私たちは、五億か十億かよく解らないが、アジア民族全体が、この戦いを讃美して、協力を惜しまないのだと思っていた。「興亜の使命」とは、本当は何だろうかと思いつつ……。

何はともあれ、アジアの民族全体が心を一つにして起ち上がれば、絶対に負ける筈がないと思い込んでいたのだった。

子どもだった私は、上空をB29がわがもの顔に飛び廻り、あちらこちらに焼夷弾を落とし始めてからは、この戦争で私たちは生き残れないと思い始めた。戦争が終わって戦地から帰ってきた父は、淋しいだろうなと思った。自分が死ぬことは恐くなかったが、戦場から帰った父の淋しさを思った。そして、敗戦後の日本のことなどは考えもせず、「最後の勝利」を信じていた。

私は多分、優等生でよい子だったのだろう。学校で教えられていることをそのまんまに信じて、疑うことを知らなかった。

だから「最後の勝利」を信じたのだった。今は、街が焼けようと、食べれるものがなかったにしても、最後は、この戦さに勝利して、ニューヨークとかに進講し、家族もそこに住まいするものと思っていた。

私は、それほど愚かな子どもではなかった筈だが、何故かそう思っていた。

そして歌った。「血にむせぶサイパンの島」と……。「皇国を死して護ると、兵ら玉と砕けぬ」と……。

これらの歌を歌うとき、私の胸は熱くなった。そして、最後の勝利が訪れたあかつきには、私も含めてこれら無名の人々のすべてが「神」と崇められ、「靖国神社」に祭られて欲しいと願った。もちろん、「最後の勝利は、日本の上に輝く」と、当時は固く信じていたのだ。

サイパン島の守備隊とそこに居住していた一般人が、共に命を落としたという報は、戦争末期に私たちの耳に入った。『サイパン殉国の歌』を皆で歌った記憶はない。ただ、何故か私は、その歌詞のメロディもよく覚えているが、それだけ心に響いたのでもあろうか。

『サイパン殉国の歌』
哭け　怒れ　奮えよ　撃てよ
夕映えの茜の雲や
血にむせぶサイパンの島
皇国を死して護ると
兵ら玉と砕けぬ

「血にむせぶサイパンの島」という歌詞のなんという煽情的であることか。私にはこの一句だけでこの歌が忘れ難いものとなってしまった。だから、そのゆえでもあろうか、歌った記憶もないのによく覚えている。特に、三節の歌詞には、いまでも心を震わさせる。「ああ、サイパンの女たちよ」という次第であった。

哭け　怒れ　讃えよ　褒めよ
武器執りて起ち得る者は
武器執りて皆戦えり
後には大和撫子

紅に咲きて匂いぬ

この歌は、声に出して歌ったというよりも、私に「死」を覚悟させた歌として印象的であった。「この戦争で私もきっと死ぬんだろう」と思ったのである。それでも、「日本は敗けない」とは、どういう辻褄の合わせ方であろうか。しかし、私は、固くそう信じていたのだった。

八月十五日、終戦（正しくは敗戦）を記念した歌もあったらしいが、私はそれを知らない。ということは、戦時下に作られた歌が、いかに私を呪縛し、私の記憶力に巧みに働きかけたかということらしい。

# 第三章　私という「子ども」の戦時観

## (1) 辞　世

くり返しを恐れずに言うなら、私の生まれは一九三一年。従って、「子ども時代」は戦争と共にあった。生まれたのは満州事変の年である。「マスコ」という名前は、「満州子《ますこ》」という字ですかなどと問われる、そんな時代であった。

小学校入学は、一九三七年（昭和十二年）で、その年に日中戦争が始まった。もっとも、当時は「戦争」とは呼ばず、「支那事変」と呼んでいたから、大したことだとも思わなかった。ただ、父は陸軍将校だったから、部隊を率いて中国大陸に向かい、私たちは「留守家族」と呼ばれる「母子家庭」となった。

小学校五年の初冬、太平洋戦争が始まった。当時は「大東亜戦争」と呼んでいたから、「支那事変」とは別で、蒋介石との戦争だと思っていた。「蒋介石を相手にせず」という首相の言葉もあって、蒋介石は戦いの相手ではないが、戦うべき「敵」だと思っていた。そして、十二月八日になる。

しかし、太平洋戦争の始まりも、子どもたち、特に女の子には、さしたる事とも思わなかったようだ。


「臨時ニュースを申し上げます。臨時ニュースを申し上げます」と、ラジオが叫んでいたから、歯ブラシを持ったまま、ラジオの前に立った。「英国及び米国と、戦闘状態に入れり」というアナウンサーの言葉にさしたる感動もなく、「ああ、そうか」と受け止めた。何しろ、米国や英国は、日本に意地悪をする悪い国だから、「これでせいせいする」という感じ方だったらしい。

当時は「米英」ではなく、「英米」と言っていた。世界地図を広げると、英国はあちこちに植民地を持っている。英国の色のピンクが世界中に散らばっていた。しかし、米国は、フィリピンだけ。子どもだった私には、米国という国が「いかに大きく」「いかに豊かな国」だなぞとは、露知らずという次第だったから、英国は、植民地を支配する「悪い奴」だったし、余りよく知られていない米国と組んだところで大したことはないと思っていたらしい。

女学校の、入試は全て口述試験に代わった。試験官の前に立った私は、愛唱歌を問われて、次の歌をそらんじた。

今日よりは　かえりみなくて　大君の
　醜の御盾と　出て立つわれは

この種の歌なら幾つでも言えたが、何となくこの歌が好きだった。小学校が「国民学校」と名を変えてから、私の級では、この種の歌を暗誦させていたから、右の歌もスラスラと口にすることができた。

翌朝の新聞は、「真珠湾攻撃」で満載だった。私は、「特殊潜航艇」とかいう新しい潜水艦に乗って、帰らぬ旅に出た若い海軍軍人の写真をしみじみと眺めた。特に、「岩佐中佐」とか、「横山少佐」とかいう若い将校は、未だ少年のような面差しであったから、なおのこと心に響いた。「こんなに若くて」と胸の詰まる思いがしたのだった。

岩佐中佐の辞世は、確か次のような一首だった。

君のため（国のためだったかも知れない）
　何か惜しまん若桜
散って甲斐ある生命なりせば

この歌は、既にある歌の一部書き換えに過ぎないとか、後に色々と言われたものだが、そんなことよりも、

「こんな若い人が」と胸をつかれたのである。

海軍将校は、「海軍兵学校」の卒業生に相違ない。だとしたら、一生懸命勉強をして、兵学校に入って、若くして将校になった。そんな人たちが、開戦の日に、「真珠湾の奥深く潜航して米艦を攻撃し、若い命を散らした」ということが、私の心を震わせた。「よくまあ、こんな若さで」と感嘆し、私が男に生まれなかったことを、しみじみと口惜しく思った。

ということは、当時の「国民学校」の教育が、「私」という「子ども」の上に、十二分に功を奏していたということであろうか。何しろ、私は、完璧な「軍国少女」になりきっていたのだった。もし「私が男だったら」、そして、「真珠湾に行け」と命じられたら、こんな辞世が読めるだろうか。私もきっと、既にある歌の一部だけを変えて、「辞世」と言って残すのではないか。

例えば、楠正行の「かえらじとかねて思えば」というあの歌の、どこをどう変えようか、などと、「私の辞世」を、思いわずらったことだった。

## (2) 食べ物のこと

知人の家の幼い女の子が、家に帰ってこんなおねだりをした。

「本田さんの家で食べた『赤いつぶつぶ』をまた食べたい」と……。

「何をご馳走になったの」と尋ねると、「赤いつぶつぶ」と言う。何のことか解らないと、問い合わせが来た。わが家でも首をかしげたが、「もしかしたら『お汁粉』のことかしら」と母が言ったので、「そうだ、あのお嬢ちゃんに『お汁粉』を、ほんの少し御馳走したんだった」と大笑いしたことがある。

「赤いつぶつぶ」とは、赤い塗りのお椀に入った「ほんの少しのお汁粉」のことだったのである。なけなしの砂糖を使い、小豆を甘く煮て、白玉粉のお団子を入れた、丁度、それが「おやつ」だったので、その子にも、それを供したのであった。

大笑いしながら、私はふと、胸が痛んだ。「お汁粉」を食べたこともなく、「お汁粉」という名前すら知らずに、四歳になった女の子が、何かしら哀れすぎて胸が詰まったのである。「ああもうここ一、二年、甘いものを食べられない日々が続いているな」と、そんな時代に育つ幼い子が哀れだったのだ。

日中戦争が始まって間もなくは、母の努力もあって、私たちの生活は平穏だった。きれいな洋服も着られたし、おいしいものも食べられた。しかし、太平洋戦争が始まると、母の努力も限界を見せた。

ご飯には、芋や大根が混ぜられ、肉や魚が食卓に上がった時は、少しも残さず食べることを義務付けられた。そんなものが食卓を賑わすことも稀だったし、肉や魚の栄養価は、母の口から嫌と言うほど聞かされていたからである。「お肉やお魚を食べないと、大きくなれませんよ」と……。

太平洋戦争が始まってからは、どこの家も、飢える寸前だった。米飯も米飯ではなく、芋や南瓜などに米粒がこびりついたような米飯であった。しかし、母の獅子奮迅の努力のおかげで、私たちは飢えることはなかったが、好き嫌いなどは、到底許されなかった。食卓に上がるものは、何でも感謝して口にした。「頂きます」というあの食前の挨拶が、本気の「頂きます」に代わったことに子どもである私は気づかなかったけれど、後に母はこんなことを口にした。

「ああ、今日も子どもたちに、少なくともまともな食事を与えることができた」と、いつも思ったと……。それに、たまには「甘いものも」口にすることができた。だから「赤いつぶつぶ」の女の子が、一入哀れだと思えたのだろう。

私は、戦前育ちの特権を利用して、弟妹に質問することを試みた。「バナナって知ってる？」などと……。弟は、「こんなもの」と水牛の角のように、「曲がったもの」を手で描いて見せた。「ああ、この人たちは、バナナも食べたことがないんだな」と私は哀れんだ。妹が後に言ったように、戦時中は、私は「よいお姉さん」だったのかも知れない

## (3)　母の江戸褄

母から、昔着たという江戸褄をもらった。

「あなたが欲しがるから、上げましょう。でも、何にするの　洋服でも作るのかしら」と、母は笑いながら言った。私の「裁縫嫌い」を、よく承知している母であった。

私は、「裁縫」なるものが大嫌いであった。戦時中の女学校で、「英語」の時間が減った分、「家事・裁縫」が増え、宿題が多くなって、母に応援を頼んでいたからである。

「無駄にしないでね」と母は言った。「お人形の服を作る前に、自分の服を作ってみたら」とも、母は言った。私が、「自分の服」を作るなどとは、思っても見なかったらしい。ただ、母自身も「もんぺ」に「防空頭巾」の毎日では、訪問着や昔の江戸褄など、着る機会もないと思っていたのだろう。

私も、女学校入学以来、もんぺに上着だけ整服という毎日だったから、自由に裁量できる「黒ちりめん」は、嬉しかった。私が秘かに思っていたのだ。「友人の家に遊びに行ったりするときの、『整服以外の服』を、なんとか作ってみよう」と……。裁縫の時間に、簡単なワンピースの作り方を、教わっていたのである。

私の作れるものは、一番簡単なワンピースだけだった。身頃があって、スカートと袖がついている。ワンピースの基本型。それ以外は何も出来なかったが、先ずそれを作った。「友人の家に遊びに行く時は、整服ではなく、「これを着よう」と、一針一針、楽しく針を運んだ。

そして、たっぷり余った黒い布を見ながら、幼い妹にも「一枚作ってやろうかな」と思った。姉妹二人並んで、「黒ちりめん」の服を着て、街を歩いてみよう」と思ったのである。常には「もんぺ」をはいて、上着だけセーラー服で、しかも下駄ばきで通学していたのだったから……。

後に妹が言うとおり、戦時中の「私」は「よいお姉さん」であったらしい。何しろ、こんな時代に生まれ、こんな時代に成長していく弟妹が、哀れで仕方なかったのである。

そして、妹にも「黒ちりめん」の服を作った。と言っても、私のできるのは、基本中の基本、袖があってスカートがついているだけの単純なワンピースだったが、妹のには胸にポケットをつけて仕上げた。ポケットのふちは赤いふちどり。それが、幼い妹へのせめてものプレゼントだった。

## (4)　もんぺと救急袋

街中に「もんぺ」が溢れた。わが家でも、母の着物をほどいて「もんぺ」を作り、母と女中とお揃いでそれを着たりした。母と同じもんぺを穿いている女中を見て、「こんな大きな娘さんがいらしてたのですか」と驚く来客もあった。

しかし、私の母は、子どもたちにはそんな古着を着せたくなかったらしく、どこからか紺サージの布を探してきた。「これで、娘たちのもんぺを作ろう」というわけである。私は上着だけは女学校の整服を着て、下駄ばきで通学していたのである。

私は、新しい紺サージを見て、半ば嬉しく、半ば恥ずかしかった。他の級友たちは、絣や縞の「もんぺ」を穿き、上着だけセーラー服の衿をひらひらさせながら通学していたから、私だけが特別に贅沢をするようで恥ずかしかったのである。

しかし、母は手品師のように色々なものを探してきた。食べるものも、着るものも……。だから、たまには甘い「お汁粉」も食卓にのぼったのである。

私は、「お汁粉」を食べたこともなく、名前すら知らないで四歳まで生きてきた、その女の子がしみじみと哀れだった。そして、私は、少なくとも「きれいな服」も、「おいしいもの」も、着たり食べたりしたことがあると思った。この子たちは、何のためにこんな時代に生まれてきたのだろう。

そして、同様の時代を生きている弟妹を可哀そうに思った。でも、時には、いじめたりもした。妹が、その「優しい姉」だけを覚えていることを、現在は幸せだったと思っている。

庭を掘ってさつま芋を植えたが、茎と葉ばかり繁って、実が余り肥らなかった。それでも、その芋をふかして食べ、葉と茎を「つくだ煮」にして食べた。それは、おいしかったような気がして、弟妹たちに「お芋さん」の話をしてやった。「葉っぱが青々と茂ると地下のお芋がみのらない、地下のお芋がまるまると肥えると、葉っぱは余りきれいではない、と……。そして、最後は、「教訓」で結んだ。「だから、地上か地下、かどちらかがよく茂るのだと……。何故、そんな話をしたのか自分でもよく解らない。しかし、「お話」には、「教訓」がつかないといけないとでも思っていたらしい。私は、学校で教わることも、軍事教練も、そのままに受け取って懸命に励む、「いわゆる戦時中のよい子」に相違なかった。

救急袋は、母が西陣の帯をほどいて、「これで作りましょう」と、キラキラ光る銀の布を当てがってくれた。「裁縫」の時間にそれを広げると、教師が立ち止まり、それを手に取って、「こんなので作るの」とため息をついた。私はその意味が解らず、「ただ余りきれいだからかな」などと、一寸誇らしく思った。恐らくは、母の嫁入り衣装だったらしいのだが、そんなことは思いもしなかった。ただ、戦争に勝ったら、「もっときれいなものが手に入る」と思っていたのだから……。

というわけで、私たち弟妹は、キラキラ光る錦の救急袋を肩から下げて学校に通った。都会では、余り目を引かなかったらしく、何事もなかったが 疎開先の田舎では、集落全体の話題となった。「今度疎開してきた一家は、ぜいたくな人たちだ」と……。キラキラ光る救急袋を下げて田舎道を歩く女の子の姿は、嫌でも人の目につきやすかったらしい。何か他の衣でとねだる私に、母は言った。だって、火の粉が降りかかったとき、すぐ燃え出したら困るでしょ。」と……。「帯地はしっかりしている、からすぐには燃え出さない筈よ」と……。

## (5)　愛国百人一首のこと

お正月には、「愛国百人一首」で遊んだ。もともとの「百人一首」は、「乙女の姿しばしとどめん」とか、「置きまどわせる白菊の花」とか言って、余り時局向きではない。そこで、軍国調の歌を百首選んでカルタを作ったのだった。誰の発案で、誰が選者だったかなど、子どもだった私には関心がなかった。ただ、いかにも「お国のため」風のつまらない歌が並んでいると思ったけれど、それを買い与えられ、それで遊んだのだった。

私の知っている歌といえば、先に引いた「今日よりはかえりみなくて」程度だったのだが、この歌の作者は、「今奉部与曾布」とかいう人で、今でもこの名前はチャンと読めない。昔の人は、変な名前をつけると感心しながら、カルタ取りに精出してたのだった。

また、大伴家持や、柿本人麻呂の歌もあった。私が驚いたのは、人麻呂の次のような歌が選ばれていることだった。

大君は　神にしませば　天雲の
　雷の上に庵せるかも

これがあの「ひむかしの　野にかぎろひの　立つ見えて」と歌った同じ人かと、少々驚いたのである。そして、「この百人一首は、余り好きじゃない」などと思いながらも、振袖の袂を押さえて、「かるた取り」に精を出したのだった。とにかく覚えて、「ハイ」と声を上げて、記憶力の良いところを皆に見せようと……。

## (6) 陸軍情報局推薦の映画鑑賞

全校一斉に、授業を休んで映画を観る日があった。シーツのような白い布を掲げ、それに映像を写して鑑賞するのである。軍部の推薦映画など、面白い筈がないと蔑んだのは一部インテリか、娯楽巧者な庶民たちであったろう。しかし、子どもは、真面目にそれらを受け入れた。特別な映画だと思っていた。

もちろん、戦争が始まってからは、英国・米国の映画は見に行くこともなかった。上映もしていなかったのではないだろうか。しかし、子ども心に、戦意昂揚の映画よりも、「オーケストラの少女」の方がよかったのに、などと、少々辛口の映画批評をしていた。そのせいか、沢山観た映画も、殆ど覚えていない。ただ、『西住戦車隊長』とか『海軍』とか題名だけは覚えている。

軍部の推薦映画など、面白い筈がないと、皮肉な批評眼を持っていたのは、一部インテリか、映画巧者な人であったろう。子どもたちは、真面目に受け入れ受け留めた。年端もいかない子どもたちが、少年航空兵を志願して幼い命を散らしていったのは、こうした経緯であったろう。私が「女の子」に生まれたことを、しみじみ口惜しく思ったのも、こうした経緯であった。

しかし「真面目に観て」「納得した」筈のそれらの映画も、どんなストーリーで、何を主題にしていたのか、殆ど覚えていないのである。『海軍』とか『西住戦車隊長』などと、題名だけは鮮明に記憶されているにもかかわらず……。ただし、柳家金語楼とか古川ロッパなど、俳優の名前は覚えているのである。子役で、一寸可愛い女の子がいたが、彼女の名前は不明で、「悦ちゃん」という役柄の名前だけは、何故かよく覚えているけれど……。

母の趣味もあって、第二次世界大戦開戦前は、アメリカ映画をよく観ていたように記憶している。「オーケストラの少女」などは、好きな映画だった。主役の少女が、美声を張り上げて歌う「アレロヤ」の歌を真似て、「オーケストラの少女ごっこ」をして遊んだこともあった。「アレロヤ」が、私たちがしばしば歌う「ハレルヤ」の外国人読みであることなど露知らず、何かしらこの美声の少女の歌う特別な歌だと思っていた

## (7)　戦争ごっこ

私は、余り子どもらしい子どもではなかったせいか、近所の子どもたちと群れて遊ぶことは余りなかった。しかし、兄たちの「戦争ごっこ」には、よく巻き込まれて「従軍看護婦」をやらされた。

「やられたー」と大げさに叫んで、あちこちに負傷兵が倒れると、私たちの出番である。私たちは、「火筒の響き遠ざかり」と歌いながら、倒れている負傷兵のそばに寄り、彼らを介抱する。しかし、こんな歌を歌いながら歩いたら、敵にすぐ見つかるのではないかと、私は不安だった。

そのことを兄に言うと、兄は、「だって歌があるんだもん」式のことを答えたので、私もなんとなく納得した。そして、声を張り上げて歌いながら、負傷兵の手当てをした。「巻くや包帯　白妙の衣の袖は朱に染み」と……。

男の子は、どうしてこうも「兵隊ごっこ」が好きだなのだろうと、改めて思いながら……。

## (8) 弟妹を哀れむ

「空襲警報」の合図と共に、庭先に掘られた防空壕に駆け込んだ私は、手を繋いだ妹が小きざみに震えているのに気がついた。

「大丈夫、大丈夫よ」と言いながら、私は妹も知っている筈の歌を歌った。

丸々坊主の　禿げ山は

と……。当時、流行の兆しを見せていた「お山の杉の子」の歌である。別に深い意味はなかったが、震えている妹を、何とか励まそうと思ったからである。しかし、妹は歌わず、ただ震えていた。

歌詞は、「杉の子」の将来を歌っていた。

大きな杉は　何になる
兵隊さんを送る船
傷痍の勇士の　寝るお家

と……。

私は願っていたのだろう、妹たちも、何とか大きくなるまで生きていて欲しい、と……。

私自身もまだ十三歳、四歳で、「子どもの域」を出ない人間だったけれども、妹たちがしみじみと哀れだったのだ。戦争が始まる前は、私は、おいしいものを食べ、きれいな洋服も着た。しかし、妹たちは、何も知らない。生まれて間もなくから、Ｂ29に襲われ、防空壕に出たり入ったり……。本当に、何のために生まれてきたんだろうと、哀れに思えたのだった。

昭和二十年は、どういう年だったかと言えば、空襲に次ぐ空襲で、主要都市は殆ど焼け野原になり、庭のすみに掘ったチャチな防空壕などは殆ど役に立たなかった。直撃弾でくずれて生き埋めになったり、圧死する人も多かった。

しかし、私などは、何となく空襲なれがして、防空壕の出入りも真剣味を欠いていた。当時の新聞の見出しにも、「工夫ひとつで防空壕の正月楽し」というのがあったから、空襲慣れは私だけのことではなかったらしい。都心の映画館は、長蛇の列だったという。

私自身、壕の中では幼い弟妹を哀れんだりしたが、壕を出れば姉さん風を吹かし、時に喧嘩し、時にいじめたりしていた。

長じて後の妹の、「私評」。「お姉さんが一番優しかったのは、防空壕の中だった」。

幼くて、震えているとばかりに思っていた妹が、彼らを哀れんでいる私の心情を、こう推察していたとは……。驚きと言おうか、呆れたと言うべきだろうか。

## (9) 真面目だった「母」の真面目だった「子ども」

私の母は、真面目を絵に描いたような女性だった。だから、「軍人の妻」になんかなったのかも知れない。商人の娘だったから、お上と関係のある仕事が、特別に上位に見えたのでもあろうか。母は姉と二人だけの姉妹で、その姉も家を継がずに、医者の妻になんかなってしまったので、母としては気もそぞろというわけで、父との結婚を承諾してしまったのであろうか。

だから、「軍人の妻」として、人一倍それらしくあろうとした。兄を陸軍幼年学校という将校養成所へ入れたのも、そんな母の思惑があったからかも知れない。もっとも、当時は総理大臣、陸軍大臣など、いわゆる「偉い人」は皆、「東京陸軍幼年学校」の出身者であったから、母の気持ちの中には、そんな思いもあったのではなかろうか。兄は、特訓させられ、とにかく、無事にその難関を突破して、陸軍幼年学校の生徒になった。

私は、とにかく「よいお嫁さん」になるよう育てられた。掃除洗濯、日々の食事の世話、などなど。その上、学校の成績もよくなければいけなかった。「どこそこのお嬢さんは、○○高女の優等生」でなければいけないらしかった。私は「真面目な母」に育てられた「真面目な子ども」だったから、それによく従った。ただし、「いやいやながら」である。だから、いつも「ニコニコ」というわけにもいかず、「いつもつまらなそうな顔」をしていると、母に叱られた。

そんなわけで、学校で教えられることには、疑問なく従っていた。「日本人は神の子孫である」と教えられれば、何となく「そうかな」と思った。「信じる」というほどの強い気持ちではないが、ぼんやりと「そう教えられたのだから、そうかも知れない」と思っていたというのが、本音と言うべきかも知れない。

近所の子どもとは余り遊ばなかったが、いとこ達とは「人形遊び」に興じた。貰い物の人形やら、手作りの人形やら、大小取り揃えて「人形一家」を構成し、日常の再現に精を出した。しかし、人形一家に戦争の影はなく、誰も出征もしなかったし、戦争もしなかった。国家が学校教育を統制し、学校が子どもたちを一定方向に訓練したとして、優等生の「私」はその中で何の矛盾も感じなかったが、しかし、「人形遊び」には、戦争は影を落としていない。今考えて、不思議に思う。「子ども」というものは、余程、したたかに出来ているらしい。

私たちは、あどけなく首をかしげた人形を手に持ち、「さぁ、チョンちゃんのおうちに遊びにいらっしゃい」とか、「チクリ子ちゃんが呼んでますよ」などと言って遊んだ。「チョン」とか「チクリ子」とか、変な名前をつけたのには、それなりの意味があったらしいのだがよく覚えていない。何故、「さゆり」とか「麗子」とか、常から憧れている女の子の名前にしなかったのかも不思議である。

私は「和子」と書いて「マスコ」と読む自分の名前が嫌いではなかった。人並みではなく、容易に正しく読めない名前だったからである。「カズコさん」と呼ばれると、「マスコ」ですと訂正しながら、何となく誇らしかった。「大人だって、正しく読めないのだ」と思いながら……。

しかし、時には訂正が面倒くさくて、黙っていることもあった。そして、秘かに「さゆり」とか「えみこ」とかだったらよかったのにと思ったりした。

日曜日になると、集ってくる兄の級友たちと、「戦争ごっこ」の仲間入りをさせられ、従軍看護婦の役割で、負傷兵の手当てに廻った。「巻くや包帯　白妙の衣の袖は朱に染み」などと歌いながら……。しかし、何故か、「従軍看護婦」には憧れなかった。「職業婦人」を特別視する当時の風潮に、「子どもなり」に染まっていたのでもあろうか。

私は、当時を代表する典型的な「子ども」であったように思う。「大日本は神国なり」と教えられれば、「そうか」と思い、「日本人は天皇陛下の御ために命を捧げる」と言われれば、「そうだ」と思い……。しかし、「命を捧げる」ということが、即「死」を意味するとは、考えに及ばなかったと言うべきかも知れない。

## ⑽ 文語体の活用

戦時中のラジオからは、文語体の日本語がニュースを伝えた。とりわけ、戦況報告は文語体で伝えられることが多かった。たとえば、「○○方面において、敵を撃退せり」というように。

最も衝撃的だったのは、太平洋戦争開戦時の朝の報道であった。一九四一年十二月八日の朝、興奮したアナウンサーの声が、次のようなことを伝えていたのだった。

「臨時ニュースを申し上げます。臨時ニュースを申し上げます。」この部分は通常の口語体、しかし、続く以下のことがらは、格調高く文語体で伝えられた。

「大本営陸海軍報道部発表。本八日未明、帝国陸海軍は、西太平洋方面において、英国及び米国に対して、戦闘状態に入れり。くり返します。大本営陸海軍報道部発表……」

歯ブラシをくわえたまま、ラジオの前に立っていた私にとって、この口語体から文語体への切り替えは、格別の違和感もなく、すんなりと受け入れられた。ということは、当時の報道は、口語体と文語体の入り混じった形で行われていたということもあろうか。

たとえば、式典の折にくり返して奉読される「教育ニ関スル勅語」は文語体であり、それに続く校長の訓話は口語体であった。

「朕惟フニ　我カ皇祖皇宗　國ヲ肇ムルコト宏遠ニ　徳ヲ樹ツルコト深厚ナリ」

で始まるこの文章は、小学校低学年の私たちにとって、徹頭徹尾理解不能なものであったが、「入学式」に始まって講堂に全生徒が集まる式典ごとに繰り返され、意味は解らないながら文章そのものは覚えてしまう、というようなものであった。

教育勅語の奉読が「御名御璽」で終わると、校長の訓話が始まる。もち論。口語体で「さて、皆さん今日は」という次第である。私たちは「御名御璽」を、「コレデオシマイ」の難しい言葉と思っていたから、「オシマイ」の後の訓話は付け足しだと思って、いい加減に聞くともなく聞いていたのだった。

ところで、十二月八日の「開戦報告」は、同じ文語体ながら遙かに解りやすく、ただし、緊迫感に満ちたものであった。「戦闘状態に入れり」とは、見事な表現である。「戦争が始まりました」より遥かに強く、私たちに緊張を強いるのである。さあ、これは「特別なことがら」なんだと、私も、女の子ながらに背筋を伸ばしたのである。

以後、戦争関係のニュース、特に戦況報告は、文語体で伝えられるようになった。先ず、ラジオから「軍艦マーチ」が流れる。「軍艦マーチ」は、明治生まれの古い軍歌である。しかし、その後量産された戦時歌謡よりは遥かに威勢がよく、勝利を伝えるのにふさわしかったように思う。

「軍艦マーチ」の後に、アナウンサーの声が続く。

「その後の戦況をお知らせ致します。大本営陸海軍報道部発表。わが軍は、優勢なる敵勢力と二昼夜の激戦の末、これを撃退せり」

というように。私たちは、この文語体の報道に耳を傾け、「ヤッター」「日本軍は何と強いのだろう」と、快哉を叫ぶのが常だった。もっとも、私たち女の子は、小躍りする男の子につれられて、万歳をしたりするのが常だったけれども……。

「戦闘状態に入れり」という文語体の報道は、私たちを緊張させ、背筋をピンと伸ばさせた。「戦争を始める状態になりました」と口語体で知らされるのとは、大きな違いであり、日本国民の大方が「やるぞー」とでもいう気分に誘い込まれたのであった。「今日は特別の日、このニュースは、特別のニュースなんだ」と……。

東京日日新聞や大阪毎日新聞などの大新聞社は、早速、開戦の歌の募集を始める。先に掲げた「起つやたちまち撃滅の」というあの歌である。そして、翌十七年三月には、コロンビアレコードとビクターレコードが発売され、巷にこの歌が流れた。私は、「興亜侵略」「興亜の使命」とは何だろうと思いながら、それでも一〇〇年の歴史とか、この歌詞を覚えてしまった。

しかし、男の子ほどには、開戦が身に沁みてはいなかった。普段仲良くしている男の子が、こんな作文を書いていたからである。

「日米遂に戦えり、という報に接し、はや心も心にあらず、床を蹴って飛び起きた。云々」と……。

私にはこれほどの感慨はなかった。しかし、「戦闘状態に入れり」は強烈で、この一文にすっかり呪縛されていたから、何となく、男の子ほどに感激していない自分が疎ましく、もっと感激しなければと自分を戒めたりした。だから、戦時歌謡もこんなによく覚えているのかも知れない。歌ったことは余りないにもかかわらず……。

ところで、戦争も末期になると報道は、

「わが方の損害軽微なり」

と結ばれるようになった。この表現は、子どもたちにとって絶大の効果を上げた。アメリカやイギリスは、物量を頼って押し寄せてくる。そして太平洋上の島々を奪い返そうとする。世界地図を見ても解るように、アメリカは大きな国だし、イギリスは世界中に植民地を持っているのだから。

　そのうち、戦況が少し危しくなってくると、報道の末尾が「わが方の損害軽微なり」と結ばれるのが多くなった。たとえば、先に引いた『大東亜戦争の歌』。「起つやたちまち　撃滅の　かちどき挙げる太平洋」というあの歌によって、「ああ、日本軍は太平洋で米国と戦っているんだなとさとる次第である。そして、急いで地図を広げ、シンガポールやスマトラ島を確認するのだった。歌った覚えはなくとも、しっかり覚えてしまったのは、これらの歌が話題になり、あるいは巷を流れて人々を感動させていたからに相違ない。

「わが方の損害軽微なり」という表現は、絶大の効果をあげた。米英軍は、物量を頼って押し寄せてくる。そして、太平洋上の日本軍が占領した島々を、次々と奪い返そうと上陸してくるが、わが守備隊は敢然と受けて立ち、その損害は軽微なりなのだ、と、私たちは思い込まされていたのである。アメリカは色んな物資も豊かであるに相違ない。

「しかし」を、私たちは思った。日本軍は敵の上陸を厳然と受けて立ち、その損害は「ほんの少し」すなわち「軽微なり」なのだ、と……。

　上空をB29が飛び交い、街が黒焦げになっても、私たちは、「わが方の損害軽微なり」だと思っていた。ただ、広島、長崎の原爆投下の報告は、少し違っていたように思う。

　いつもの「わが方の損害軽微なり」はなかったように記憶している。ただ、「新型爆弾」だから、くれぐれも「防空壕」から出ないようにと繰り返された。しかし、「わが方の損害軽微なり」に慣らされてしまった私たちは、それでも「負ける」とは思わなかった。何しろ、「わが方の損害」は、軽微なんだから。

# 第三部

# 「軍国少女」はどこへ行ったか

# 第一章　私の戦後体験

## (1) 戦いすんで日が暮れて

「軍艦マーチ」に導かれ、華々しい戦果を告げていたラジオのニュースが、やがて、次々と南方の島々から撤退を続ける日本軍を報道するようになった。にもかかわらず、私たち子どもは、「日本が敗ける」などとは考えもしなかった。

何故なら、それらの報道は、「わが方の損害軽微なり」といういつもの同じ文句で、結ばれていたからである。マレー半島やガダルカナルの戦いも、すべて損害は軽微だったと知らされていた。

戦争報告に慣れ切った子どもたちは、その言葉をそのままに聞き、本当に軽微だと思い込んでいた。ほんの一寸、かすった程度だと……。どこかの島が不要になったから、撤退したのだろうと……。何しろ、「わが方の損害は、軽微なのだから」。

私が「わが方の損害は、軽微ではなかった」と知ったのは、戦後の、しかも、「もう子どもではない」年齢になってからであった。

敗戦の年の秋、疎開先の九州から東京へ帰る列車の窓から、廃墟と化した広島を眺めた。「窓を閉めてください」というアナウンスが流れたのか否か、乗客がにわかに窓を閉め始めた。しかし、中には、窓を開けて暗い夜の街を眺める人もいた。

私も、窓の外を眺めた。広島の街は何もなかった。ただ、茫漠と黒焦げの街が広がっていた。そのとき、私は、「軽微」というのはこういう風景もいうのかと、驚いたのであった。より正確には、街が黒焦げになって潰滅しても、「わが方の損害は軽微なんだな」と思い知らされたのである。

八月十五日、疎開先で間借した農家には、ラジオがなかった。村役場のラジオはよく聞こえるとかで、一家から必ず一人はラジオを聞きに来るようにと連絡があった。人里はなれた山村で、戦況もよく知らされてなかった私たちには、何のことか解らぬまま、母だけが疎開仲間の奥様と一緒に出かけて行った。そして、母が、ガックリした様子で帰ってきた。

「何があったの」と聞く子どもたちに、母は「戦争が終わったのかも知れない」と言った。「でも、ソ連も参戦したから、もっと頑張れということだったのかも知れない」とも言った。「天皇陛下がラジオを通じて、勅語をお読みになったのだ」という。

「陛下の声、よく聞こえた?」という子どもたちに向かって、母は首を振った。「難しいことをおっしゃったんだから、よく解らなかった」と……。「でも、戦争は終わったらしい」とも……。

私は「朕惟フニ」というあの勅語を読まれたのかと思い、母に尋ねると、母は全く新しい勅語だと言う。「へえー」と子どもたちは何だか感心して、また、常の生活に戻ろうとした。そのとき、母が呟いた。「この戦争、日本が敗けたかも知れないのよ」と……。

私たちは、それでも、何だかよく解らなかった。何しろ、日本は神の国で敗ける筈などないと思い込んでいたからである。「損害は軽微」なのだし、街は焼けても、勝利のあかつきには再び復興する筈であろうと……。ただ、戦争がただ終わったのだから、上の学校を受けてみよかななどと何故かぼんやりと考えもした。上の学校は「入学試験が難しいのかしら」とも、ぼんやりと考えた。何故、母はあんなにガックリとして、「日本は敗けた」なんて言うんだろう。

私たちは、「日本が敗ける」ということが、全然解っていなかったらしい。改めて考えると、そう思わざるをえないのだ。この戦争には、「勝つか」「負けるか」しか、終わり方はないのだなどとは、考えもしなかったのである。私は、何にしろ、立派な「軍国少女」だったし、戦争の終わり方など、「日本が勝利する」とだけしか考えていなかったのである。

ピカピカの「軍国少女」が、いつどうやって「普通の女性」に戻ったのかと、問われることがあるが私には答えられない。

ただ、戦後はメチャメチャに忙しかったとだけ記憶している。何しろ、上の学校に行こうと思えば新制高校に進学しなければならなかった。

私たちは、「高等女学校」に入学した筈なのだが、いつの間にか「新制高校」の生徒になった。男子は「中学」、女子は「女学校」と分けられていたのが、「共学の新制高校」なるものが誕生する。そして、私も新制女子高校の生徒になった。高校へ進まなければ、大学へ進むことができなかったのである。もっとも、「高女卒」でよければ、五年で卒業するという道もあった。

私は、何となく大学へ進もうと思っていた。母も、明治生まれの人には珍しく女学校を卒業してから専門学校に進み、教員の免許状も持っている人だった。

だから、私も上の学校に行こうかと、ぼんやりと考えただけだった。

高等女学校に入学したはずなのに、いつのまにか新制高校の生徒になって、高卒でなければ上の学校に受験出来なくなった。戦時中は「英語」の授業など碌になかったのに、入試にはチャンと英語もあって、相応に難しい問題が出る。しかし、私は戦後の一時期は、母のお供をして買い出しに行くことと、僅かばかりの受験勉強で明け暮れた。

「軍国少女」が、いつ、どうやって、「普通の女性」になったかと、若い人に問われることがある。私には答えられない。ただ、戦後はメチャクチャに忙しかったとだけ覚えている。何しろ、学校でよく教わらなかった「英語」や「西洋史」などを、受験のためにセッセと勉強した。そしてお芋やお豆の入ったご飯を食べ、変チクリンな洋服を着ているうちに、時代が変わったというのが、私の体験である。「戦争」とか、「平和」とかを考えるようになったのは、より長じて後のことであった。

戦後のインフレ時代、母はどこからか教員免許状をひっぱり出して、近くの公立高校につとめ始めた。僅かばかりの教員の給料が、あのすさまじいインフレ時代に、家計を支えたのだった。

だから、母も、私に進学を進めた。「ただし、国立の学校ですよ」と母に念を押されはしたけれども……。国立の大学で、浪人しないで受かりそうな所、ということになれば、自ずから目標は定まる。もっとも「浪人しない」とは私が決めたことだった。

戦争中はおろそかにされていた「英語」も、大学受験には重要だった。だから、私も、母を手伝う合間に、少し受験勉強をした。受験は今ほどすさまじくはなかったものの、少しは勉強も必要だったからである。

学校ではよく教わらなかった「英語」や「西洋史」を勉強し、お芋やお豆の入ったご飯を食べ、手縫いの変チクリンの洋服を着ているうちに、時代が変わった。これが私の「戦後体験」である。

戦争の罪悪とか、子どもが一番の被害者であるなど、「戦争」について考えたのは、ずっと後の話。私の戦後には、そんな時間はなかったように思う。何しろ、日曜日は、母のお供をして買い出しに行った。常の日も、ひまさえあれば、庭を耕した即製の畑で、食べるための野菜を育てることに余念もなかったのだから。

## (2)　子どもは一直線

「子ども」は、一直線。真直ぐに、大人の、特に「教師」の言うことを信じる。少くとも、真面目な「よい子」で、優等生だった「子ども」ほど、その傾向が強い。

私は、そんな子どもだった。成績もほどほどによかったし、教師の言うことはよく聞いた。「成績もよく、ほどほどにお行儀もよい。いいお子さんですね」と、教師は私を評した。だから、母は、父母会や教師の家庭訪問の折には、鼻が高かったらしい。「あなたは、学校では『よい子』らしいわね」と、母は教師との面談が終わると、いつもそう言った。

私は、学校から課されることは、何でも完璧にやろうとした。「防空訓練」も、「大掃除」も、「十里徒歩訓練」も……。体が小さかったから、声も小さかった。小さい体で、声を張り上げて、「分列に前へー進めー」と号令をかけた。でも、「五年三組声が小さいぞ」と、よく叱られた。戦時下の小学校、否、国民学校の強烈な思い出は、「声が小さい」と叱られたこと。家に帰ってそれをこぼすと、母までが「それはあなたがいけない」と叱った。「もっと、大きな声が出せるでしょう」と……。だから、国民学校時代の思い出は、余り楽しくない。

当時の子どもたちにとって、学校の教師は絶対だった。「先生の言うこと」を信じ、「先生に認められたい」と思った。宿題をやってこない生徒がいると、なんだか不思議だった。「どうしてあの子は、宿題をやってこないんだろう。叱られるのに」と思った。

私は、余り「子どもらしい」子どもではなかったんだろう。母によく叱られた。「どうしてあなたは、そんなにツマラナソウな顔をしているのでしょうね」と、皮肉たっぷりに言われたりした。

二つ上の兄は、「子どもらしい子ども」だった。学校からは、いつも友達を多勢引き連れて帰ってきて、家中を駆け廻って遊んだ。私は帰ってくると、自分の机に向かい、宿題をした。そして、夕方になると、台所に行き、女中の手伝いをして、食器を揃えたりした。こんな生活が、楽しい筈がない。だから、私は、いつも「ツマラナソウ」な顔をしていたのだろう。その私が、母の不満だったらしい。「女の子は愛敬がいいと、それだけで可愛がられるのよ」と母はくり返した。「あなたも、もっとニコニコなさい」と……。

「ニコニコ」していない私の子ども時代は、余り楽しくなかった。学校の教師には叱られないが、母にはいつも叱られていたからである。私の女学校時代には「作法」という授業があった。それだけは困らなかった。襖の開け閉めに、言葉遣いに、いつも母が眼が光っていたからである。

「これは、あなたのためですよ」と母は言った。私もそう思った。こんなにうるさく仕付けられたら、どんなにうるさい姑や小姑がいても、文句は言わないだろう、と……。でも、子どもとしては、いつも「ニコニコ」というわけには行かなかった。母を歎かせたように、私はいつも「ツマラナソウ」な顔をした子どもだったのである。

だから、大学時代は楽しかった。戦後は、母も余りやかましくしつけなかった。思い通りにならない娘に呆れ果てたのか、あるいは、時代の変化についていけなかったのでもあろうか。友人の家で遊び呆けて、終電車で帰っても、母は何も言わなかった。二十近くになってからの私は、のびのびと生活を楽しみ、大学に入ってよかったとしみじみ思った。「お茶の水はつまらない大学だ」などと言う友人たちを尻目に、私は、十二分に大学生活を楽しんだのである。

### (3) 男女同権

戦後の改革で、私が一番恩恵を受けたのは、「男女同権」だったかも知れない。何しろ、私は、「もうお嫁に行かなくてもいい」と思ったし、「仕事を持ってバリバリやるぞ」と思ったのだった。幼い頃から、母の叱言を聞いて育ち、「お嫁に行って困らないように」とばかり、家事一切をしつけられた私としては、それらから解放されたことが何よりも嬉しかったのだ。

「大学を出たら仕事を持つんだ」と思っていたから、「少年調査官」などという職業の国家試験を受け、その資格を持っていたりした。「少年調査官」とは裁判所職員である。何故、そんなものになろうとしたのかはよく解らない。裁判所とは、判事・検事・弁護士の世界だと思っていたのに、「少年調査官」という職種があると知って、その試験に応じたのだった。

恐らく、判事や検事は、「法学部出身者」の世界だろう。弁護士も多分そうだ。とすれば、「調査官」は、教育学・心理学・社会学など、何でもいいのではないか。などと思ったこと、同級生数人が、その試験を受けるとか言って「受験勉強」をしているのに刺激をされたのかも知れない。

ところが一次の教養試験に合格したのが私だけだったために、慌てて「教育学」やら「心理学」を勉強して、二次の試験に臨むことになった。とりあえず、二次もくぐり抜けた。三次の面接に行った時、気づいたことがあった。受験生控え室で待機していた時、一人の男子学生がこんなことを言っていた。「自分は本当は新聞記者になりたいのだ」と……。「ただ、記者の試験は難関なので、こちらも受けておくのだ」と……。

私は、一寸驚いた。男子学生は、「とにかく就職せねば」と思っているらしいことに、衝撃を受けたのである。私には、まだ、「中流家庭のお嬢さん的」気分が残っていた。わが家の経済状態は、あの頃は厳しく、「中流家庭のお嬢さん的生活」は許されないと思いつつも、就職に対してはそれほど真剣ではなかった。「まあ、友人達が受けるなら、私も受けてみようか」式な気持ちだったのである。その証拠に、合格しても就職しなかった。どこやらの裁判所から採用通知が来たけれど、断ってしまった。「何のために、あの試験を受けたのだろう」と自分自身をいぶかしく思いながら……。「男女同権」なんて言っても、男の人とは「仕事に対する考え方」が違うんだなと思い知らされたような気がした。より正確には「自分の仕事」というより「自身の働きで、自身の給料で、生きていく」という生き方と言うべきかも知れない。「女子学生」の甘さを思い知らされたということでもあろうか。

「仕事を失う」ということを、本気で考えたのは、大分経ってからである。私が短大教員をしていた頃のことである。短大を志望する学生が減って、定員の八割ぐらいしか満たされなくなったことがあった。私は、家を出て一人暮らしをしていたから、今更家には帰れないと思った。その時、頂いている給料をしみじみ大切に考えたのである。この短大から出ている給料で、私は生活しているのである。仕事の面白さだけではなく、給料の大切さを改めて感じたのはこの時であった。そして、以後殆んど半生を仕事で過ごすことになった。

このとき、私は、改めて「男女同権」ということを考え直したのであった。

## (4)　洋書のこと

大学のゼミでは、アメリカの研究者のものを、よく読まされた。英文であったから、何とか読める。戦時中は、ドイツ語のものを読まされたのかな、と思った。私は、ドイツ語は苦手だから、きっと困っただろう。しかし、子どもの心理に関しては、シャーロッテ・ビューラーなどという研究者がいる。この人の論稿を、直接読もうと思えば、多分ドイツ語で読むことになるだろう。私は、翻訳もので読んで「面白い」と思ったのだが、こういうのは、もう読めなくなるのかなと一寸残念だった。

アメリカの研究者のものは、私には余り面白いとは思えなかったが、心理学や教育学の論文とはこんなものかと思った。小さい子どもの研究は、もっと面白くて、ワクワクするようなものかと思っていたのだけれど……。

戦後の日本には、戦勝国アメリカの論文しか入ってこなかったのかも知れない。だからというわけでもないが、心理学的アプローチは私には向かないと思うようになった。現在の私の研究傾向は、こうして、「心理学的アプローチはつまらない」と、思い定めたことに負うているのかも知れない。

しかし、研究に戦勝国も敗戦国もあってよいのだろうか。と、こんなことを考えたのは、大分時が経ってからである。一年次のゼミでは、英語論文を読むことの面白さに駆られて、そんなことは考えず、ただ懸命に辞書を引いていた。とにかく、次の時間までに読んでおくべき論文の量が多かったからである。

もっとも、「多い」と思ったのは、学生の側で、担当された教官の方たちは、不思議そうな顔をされた。「一週間は七日もあるんですよ」などと、呆れ顔につぶやく方もあった。戦後の学生の語学力にうんざりされていたらしい。やはり、旧制を出た方は違うなと思い知らされたことであった。

私たちは「新制大学」の学生であった。教官の方たちは、全部旧制のご出身である。そこで、新制と旧制の学力の差を、うんざりするほど味わうことになった。特に語学力に関しては……。

だって、「仕様がないじゃない」と私たちは思った。旧制の方たちは中学・高校・大学と順序正しく進んで来られた筈である。高校とはもちろん「旧制高校」。難しい入試を突破して、三年間みっちり語学を勉強して、「帝国大学」に入ってくる。

私たちは、「新制高校」という中学に毛の生えた程度の学校から、「新制大学」に入ってきたのだから制度のちがいは、私たちの罪ではないと思った。敗戦国の日本が、戦勝国のアメリカ流に学制を変えられて、それに従っているだけだもの、学力の低下は止むを得ないじゃない」と思ったからである。

でも、だからといって学力の低下は「我が身のこと」としては情けなかった。「私たちは、めまぐるしい制度の更改の犠牲者なんだね」としみじみ思った。それもこれも、戦争のせい。でも、「戦争のおかげ」で「男女同権」となり、こうして大学生活を経験している。戦争を恨むべきか、あるいは、歓迎すべきなのだろうか。いずれにしても、私は、変な時代を生きているんだなと思ったのは、時間が大分経ってからのことである。

## (5) ダンスパーティー

講堂の椅子を片付けて、ダンスパーティーのホールにしたことがあると言うと、現在の学生たちは驚き呆れる。「そんなことを、大学は許可してくれたんですか」と、目を丸くするのである。

もちろん、簡単に許可してくれただけでなく、教官の方たちも、チケットの売りさばきに協力して下さった。それぞれに、非常勤として教えていなさる大学で、チケットを売りさばいて下さったのである。「女子大のダンスパーティー、珍しいから行きますよ」とばかり、大勢が買ってくれたと、嬉しげに報告される方もあった。

「男子の学生が多勢来ますよ。あなた方も踊らないといけない」などと言われて、学内で「社交ダンス」の講習会が開かれたりした。私も、企画者の一人として、その講習会に出て、社交ダンスの初歩的なものを二つ三つ、覚えたりしたのだった。

何故、そんなことに熱心だったかと言うと、お金儲けがしたかったからで、そのお金で、「研究室」を作りたかったからに他ならない。文部省は、というより「アメリカの教育使節団は」と言った方が正確かも知れないが、新制大学に新しい学科の創設は認めてくれた。しかし、校舎も教室も教材費さえ碌につけてくれなかったようである。一つの部屋に、三人ほど教官がつめこまれていたりして、研究どころではない騒ぎであった。

そこで、私たちは「お金儲け」を考えた。そのお金で、小さな研究室を建てて、教官の方達に、せめて一人で一部屋を使って頂きたいと願ったのである。何とまあ、健気な学生でもあることか。

もっとも、私たちは、ダンスパーティーのチケット代程度では、幾らの「儲け」にもならないということも、国立の学校では「そんな勝手なこと」は許されないということも、何一つ知らず、ただただ一生懸命ダンスを習い、男子学生が来てくれるかどうかを、案じていたのだった。

さて、当日の夕方、学生代表の挨拶があったのかどうかよく覚えていないが、気がついたら、広い講堂全体に男女の踊りが入り乱れていたのだった。仕方なく、私も、一、二曲踊ったが、私はほんの初歩的なものしか知らない。

よその大学生たちは、「わざわざ」女子大のパーティーに踊りに来るくらいだから、皆上手だったし、誘い方も巧みだった。いわゆる、「壁の花」をやっていると、巧みな「お誘い」がかかる。「次の曲で踊って頂けませんか」などと誘われると、何と言って断ろうかと頭を悩ませなければならない。

そこで、私は、こっそりと講堂を抜け出し、近くの教室に用意された「喫茶室」の係に、勝手に身を転じてしまった。私の大学は、「元女子高等師範」であって、家事科の教員も養成していた。だから、調理室の戸棚には、洋食器が整揃いしていたのである。それらを借り出して、コーヒーのサービスをしようというわけで、「喫茶室」を設けていたのであった。こうして、エプロンかけて、お茶を運んでいれば誰も誘わないだろうと思ったのである。

しかし、それも浅はかな素人考えであることがすぐに判明する。休憩している男子学生に、「あなたもこの学生か」と聞かれると、ついつい変なプライドが顔を出して、「ハイ」と答えてしまう。すると、その相手は、「じゃあ次の曲で踊りませんか」とくるのである。「ダンスパーティーなんてしなければよかった」と後悔しても、後の祭りであった。

「なんだ、これっぽち」という程度の儲けに少々驚き、これじゃ寄附するにも恥ずかしいなどと言っている間に時が経った。手にしたお金はどう使ったかよく覚えていないが、恐らく、皆で北海道に旅行した時の旅費の一部にでもしたのではなかったか。これで懲りて、もうダンスパーティーで儲けようなどと思わなくなったことだけは確かである。

しかし、現在の学生たちが目を丸くするように、この「お固い女子大」が、ダンスパーティーなどをしたことは、老いてみれば遠い想い出の一つである。修繕のためか否か、あちこちに鋲を打った私の革靴が、講堂の木の床に触れて「ガタガタ」と、あられもない音を立てたことを今も懐かしく思い出したりする。

## (6) 皆で旅行をしましょう

私たちの専攻は、定員が十五名だった。ただ、一名が休学したため、卒業したのは十四名である。「十四名くらいなら、全員でどこかに旅行するのもいいんじゃない?」などとは、誰の発案だっただろうか。

行き先は、北海道。外国旅行の自由に出来ない当時としては、一番遠いところであった。夏休みに入る前の七月初旬が、鈴蘭が咲いて美しいとか……。目的地も、日程も、簡単に定まった。ただし、大学はまだ夏期休業に入っていない。大人数の一般教養は別としても、四年次の専門教科だけは、全員が欠席するのだから、教官の方たちにお断りしなければならない。

そんなこんなで、その役目が、何故か私に押し付けられてしまった。「いやーねえ。お一人お一人に頭を下げるのよ」などと、文句を言っても始まらない。私は、専門教科の担当をなさる方たちに頭を下げ、「実は皆揃って北海道に行くことになりました。その理由は……」などと演説して廻って、かなりの授業を「休講」にして頂いてしまった。級友からは「しゃべり方が上手だ」などと褒められたけれど、こちらとしては冷汗ものであった。

ただ、当時の教官の方たちは、大らかで学生の気持ちをよく解って下さったように思う。「まあ、気をつけて行ってらっしゃい」などと、機嫌よく送り出して下さったのだった。「皆揃って」というのが利いたのかしらなどと思いながら、私は、大役も存分に果たせたこと、一人で密かに快哉を叫んだりした。私自身、後日教師になって思ったのは、「休講」というのも、教師にとっては「悪いことではない」ということだった。学生相手の講義やゼミも、たまには「休講」があって丁度よいのだと……。

## (7)　ところで軍国少女はどこへ行った？

アメリカの論文に汗を流し、ダンスパーティーにうつつを抜かす。私の大学生活は、こうして、私なりに青春を謳歌して経過した。敗戦後まもなくで、東京の街には未だバラックが建ち並んでいた。食料事情もよくはなかった。わが家の経済状態も、決して楽ではなかったし、日本全体が豊かと言い難かった。「にもかかわらず」である。

小学校から国民学校を通じて、私をしっかりと方向づけたかに見えた「皇国の道」そして「軍国少女」としての生き方は、一体、どこへ行ってしまったのだろう。私は、何のこだわりもなく、戦後のアメリカ文化の中にすっぽりとはまっていた。

ただし、アメリカという国に憧れることはなかった。「移民の集合体」程度にしか考えていなかったからかも知れない。いつの間にか、「日本のように古い国ではない」と蔑んでいたのでもあろうか。「古いこと、長く続いていること」は、それだけで評価に値するという価値観が、私を支配していたのかも知れない。そういえば、進学先を選ぶときも、「日本で最初に生まれた女子の高等教育機関」というのが気に入っていた。

私は先に、「幼い子どもは一直線」と記している。大人たちの言うこと、学校だったら「先生の教えること」には、疑いの余地がない。私の中で無自覚裡に私を支配している価値観、それだけを、私は就学前教育から受け取っていたようである。私も、戦前の教育に関しては、「一直線」に対していたのであった。「軍国少女」はどこかへ行ってしまった。ただ、「続くことをよしとする」そんな価値感と、それを「美とする」美意識とが、私の底辺にしっかりと居座ったのである。

## むすびのことば

私の子ども時代は「戦争」というパートナーとともに経過している。「子ども時代に戦争があった」という言い方があるが、それとも若干異なる。「あった」ではなく、「戦争」は、常にパートナーであり続けたのである。

私が生まれた昭和六（一九三一）年は、満州事変の年であった。この事変は、その後の太平洋戦争の発火点となった。

そして、私は、日本中がキナ臭い匂いに包まれた中でヨチヨチ歩きを始める。小学校に入ったのが昭和十二年。この年に、日中戦争が始まり、わが家でも、陸軍将校であった父を、中国戦線へと送り出している。それ以降八年間、昭和二十年の敗戦の日まで、私たち一家は母子家庭であった。父は、大陸から転戦また転戦。戦いが終わった日には、ベトナム（当時は仏領印度支那）で、敗戦の詔勅を聴いたという。私たちは、父がどこにいるのか知らなかったが、どこかで無事でいるらしいとのみ聞かされていた。

改めて振り返るとき、私の幼少期は、日本が始めたあの大きな戦争の序盤を、殆ど意識することなく経過していたように思う。軍人の家族であり、一家の主を戦場に送り出していたにもかかわらずである。

父の部隊は、時にはその武勲を讃えられて、新聞に掲載されたりもした。しかし、にもかかわらず、である。子どもとは、そんなものかも知れない。それに、中国との紛争は「戦争」とは呼ばれず「支那事変」と呼ばれていたし、一方的に中国が起こした争いだと教え込まれてもいた。日本はそれを退けて、アジアに平和をもたらすのだと……。

だから、わが国が武器を携え、あちこちに征討のために赴くのが、「興亜の使命」なのだと、単純に思い込んでいた。何しろ、日本は二六〇〇年の昔から、万世一系の天皇を戴く神国なのだと……。

家に帰ると、「この戦争から、いかにして子どもを守るか」に必死になっている母親がいて、疎開先を探したり、食料を買い漁ったりしてくれたから、その影響もあったかも知れない。そろそろ、「連隊長官舎」に入れないかなァなどと呑気なことを考えていた。

戦争の終結を願い始めたのは、女学生になってから、アメリカ軍爆撃機Ｂ29が、日本の上空を飛び廻り始めてからである。庭に掘られた防空壕の中で怯えている弟妹を哀れと思い、「こんなに小さいままで死んでしまったら、何のために生まれてきたんだろう」と弟妹の運命を思った。私自身もまだ子どもであったけれども、戦前と言っても日本は既に臨戦態勢だったらしいが、私たちの暮らしにはさほどの影響もなく、豊かな時代を生きてきた私の運命と較べて、しみじみと哀れに思えたのだった。

戦後は忙しかった。少年たちを集めて陸軍将校を養成する学校、すなわち「陸運幼年学校」に入っていた兄は、旧制高校への入学を目指して、入試勉強を始める。私たちは、高等女学校に入学した筈が、そのまま高女卒で学業を終えるか、新制高校に進学して大学受験を目指すかの選択を迫られることになった。従って、戦争中よりも戦後の方が自分自身の将来を考えねばならないことが多くなり、戦時中の記憶は薄らいでしまった。

このまま戦争が続けば、高級将校の娘として、相応の家あるいは人物との縁組が整って、選ばれた男性の妻、あるいは恵まれたる子どもの母として、人並みな一生を過ごすことになったのであろうと思われる。常に戦争を忌み嫌うような心性には、育てられていなかったのである。

そして、改めて振り返った時、改めて気づかされたことが多々ある。その一つは、小学校の教育、特に「日本国史」の教育であり、二つ目は、巷に氾濫していた「戦時歌謡」であった。

天照大神の皇孫瓊瓊杵尊《ににぎのみこと》が、この大八州に降り給うて、「日本」という国が作られる。そのことも、そのままに、信じているわけではない。「神」という不思議な存在が、いつか日本国の天皇と化してこの国を統治する。日本に生まれ、戦時下の日本国民として成長した以上は、この「神の国の民」で「神のすえ」であるという教え込みは、記憶の底にしっかり根づいてしまっている。だからどうというのではないが、生まれた時代を異にする人々とは、どこかしら違う根拠とを、心の中に貯えこんだまま、大人になってしまったのかも知れない。

天皇家を尊崇する気持ちが殆どなく、といって敵視するのでもない。また、旧約聖書などを読むと、「国造りの物語」の「物語としてのちがい」を面白く思ったりするのも、「絶対に対する畏れ」的な感情が希薄なのも、こうした幼少期の教育のせいかと思う。

人生の終焉に近づいた今日、戦時下の子どもでもあり、しかも、優等生の女の子だった自身について、語ってみようと思ったのは、この所以である。

ただ、戦時下に育った「私」を語ることが、「子どもに狭隘《きょうあい》な愛国心を植えつける」ことや、「軍国少年・

少女」の育成に役立てられることを恐れている。「こうすれば、子どもは大人の言うことを聞くのだ」などとも、利用されてほしくない。私が言ってみたかったのは「子どもは教育を通じて一定方向に形作られ易い」ということだけである。

どのような方向を見定め、どちらへ水路づけるかを考えるとき、それを選択する大人の責任は重い。私が強調したかったのは、そのこと、そのことだけであると、結びの言葉と共に、今一度くり返しておきたいと思う。

**本田　和子**（ほんだ・ますこ）

一九三一年、新潟県生まれ。お茶の水女子大学卒業。元お茶の水女子大学初代女性学長。お茶の水女子大学名誉教授。児童学、児童文化論、児童社会史専攻。児童研究の史的検討、二十世紀子ども観、特に、児童中心主義・学校化社会・優生学の複合連環、「子ども・少女というカテゴリー」の生成と消長などが研究テーマ。

著書に、『女学生の系譜（増補版）』（青弓社）、『それでも子どもは減っていく』（筑摩書房）、『子どもが忌避される時代』（新曜社）、『変貌する子ども世界』（中央公論新社）、『異文化としての子ども』（紀伊国屋書店）、『本田和子と舞々同人たちのトポス』（ななみ書房）（共著）ほか多数。

# ところで軍国少女はどこへ行った

二〇一九年四月一日　第一版第一刷発行

著　者　本田　和子
発行者　長渡　晃
発行所　ななみ書房
神奈川県相模原市南区御園一―一八―五七
電話　042―740―0773
http://773books.jp
デザイン　内海　亨
印刷製本　協友印刷株式会社

ISBN978-4-903355-83-2
Printed in Japan
定価は表紙に記載してあります
乱丁本・落丁本はお取替えいたします